の決断

峯岸 博

日経プレミアシリーズ

まえがき

「5年ぶり」「7年ぶり」「12年ぶり」——。2023年の日本と韓国で、両国の首脳往来や閣僚を含む政府間協議の久しぶりの再開を伝えるニュースが相次いだ。5月7日にソウルで岸田文雄首相と会談した尹錫悦《ユン・ソンニョル》大統領は2日後の閣議で「韓日関係が過去最高だった時代を超えられる」と語った。岸田首相も会談翌日に記者団に「尹大統領と力を合わせて新しい時代を切り開きたい」と意欲を示した。「少し前まで想像もできなかったことが両国間で行われている」との尹大統領の言葉を実感する。

「どうせ韓国は変わらない」「2度とだまされるな」。それまで日本の国会議員や官僚らから何度も聞いた声だ。日本社会を久しく覆ってきた隣国への冷ややかな空気は、日本を「加害者」から「自由を守るために共に力を合わせるパートナー」と新たに位置づけた1人の大統領の登場でやわらぎ、岸田首相も韓国で次々と下される対日政策の決断に呼応した。

北朝鮮の飽くなき核・ミサイル増強と中台対立の緊張にロシアのウクライナ侵攻が重なっ

た安全保障危機が米国を突き動かし、日韓関係のゲームチェンジャーになっている。その同時期に韓国で政治経験ゼロの前検察総長がもし大統領選に挑んでいなければ、今のような隣国関係の立て直しはなし得なかっただろう。

キーワードは「決断」だ。日本との未来志向の協力関係を進めることが国民の多大な利益になるとして過去を蒸し返さない尹大統領が前任の文在寅《ムン・ジェイン》政権まで続いてきた対日外交の巨大な岩盤に風穴を開けた。その背後に韓国社会で20代男子「イデナム」の反乱や対日・対中観の変化に代表されるさまざまな地殻変動が起こっている現象を見逃してはならない。本書は「最悪」と評される日韓関係を転換させた政治決断の舞台裏を明らかにするとともに、日本からは見えにくい韓国社会の底流と新しいステージに入った「日韓関係2・0」の構造を解き明かす。

第1章では、2カ月で3度にわたった日韓首脳会談を検証し、日米韓連携と対日関係改善にひた走る尹政権の本質と、その基盤となる軍事大国・韓国の安保戦略に迫った。「ゴールポストを動かす」とかねて日本から批判されてきた過去の政権と一体どこが違うのか。第2章で光を当てたのは、韓国社会に変容をもたらす格差社会の現実と、存在感を高める10代・20代の知られざる素顔だ。行動する韓国の若者は国政選挙や対日外交でもキャスティングボートを握る。第3章は「グローバル中枢国家」を志向する尹外交と日本の当局者がうらやむ防衛産業の拡大路線を読み解く。第4章は日韓外交に絶大な影響力を及ぼしてきた故安倍晋三元首相と韓国の反日勢力の関わり合いを振り返り、「ポスト安倍」時代の日韓関係を展望する。終章の第5章では歴史の宿痾《しゅくあ》に翻弄されてきた日韓間に生じた構造変化と、なお残るもろさに着目しながら、「成熟した国家関係」への道を考えてみた。

日韓両国は、12年の李明博《イ・ミョンバク》大統領による島根県・竹島（韓国名・独島）上陸から始まった「失われた10年」をようやく取り戻し、さらに飛躍する好機を迎えた。アジアを代表する2つの自由民主主義国家が相互理解を深め、共通利益を一緒に探っていく「ウィンウィン」の関係を築きたい。本書がその一助になれば望外の喜びである（原則として固有名詞などの表記は日本経済新聞の記事スタイルに基づいた。文中の肩書・通貨レートは取材当時のもので、敬称は略している）。

目次

第　1　章

ダイナミック・コリアは本物か

1　決断と呼応

「尹は本物だ」

「よし、いける」。2023年5月初旬、首相の岸田文雄は、韓国から戻った国家安全保障局長、秋葉剛男から韓国大統領、尹錫悦との面会の報告を受けてハラを決めた。このときこそ、日韓最大の懸案である元徴用工訴訟問題をめぐり、5月7日の日韓首脳会談で岸田が「心が痛む思い」と語るのを最終決断した瞬間だった。

これに先立つ5月3日。ソウル市龍山区の韓国大統領府で尹は向かい合った秋葉に対し、岸田の訪韓にあたって日本への要求めいたことをいっさい口にせず、気楽に来てもらえればいいとだけ伝えた。側近が口を挟もうとすると、それも手で制し「岸田さんに任せればいいんだ」と語った。歴史問題で日本に反省や謝罪を求めた過去の大統領とはまったく違う。「尹は本物だ」。それまで韓国側への歩み寄りに慎重意見が強かった首相官邸内で尹への信頼感がにわかに高まり、岸田の決断を後押しした。

韓国内でとりわけ懸念が強い東京電力福島第1原子力発電所の処理水の海洋放出計画に関し、岸田が尹との共同記者会見で「自国民、韓国国民の健康や海洋環境に悪影響を与えるような形での放出を認めることはない」と韓国国民に語りかけた。韓国人専門家による現地視察団を受け入れる案もこのとき決まった。

訪韓の準備がすべて整った。日本の首相による訪韓は18年2月に当時の安倍晋三が冬季五輪の開かれた平昌《ピョンチャン》を訪れて以来5年ぶり。日韓首脳が互いの国を行き交うシャトル外交は実に12年ぶりだった。それまで岸田訪韓は8月ごろが有力視されていたが、岸田は自身の判断で5月7日に設定した。3月16日の尹の来日から2カ月に満たない間での両首脳による異例のスピード往来となった。

3月会談の積み残し

この2カ月前に話は遡る。韓国政府が3月6日に発表した元徴用工問題の解決策は、最も懸念されていた日本企業の資産現金化を回避する内容だったため日本政府は高く評価した。日韓外交筋によると、当初、日本側から3月10日に東京ドームで行われたワールド・ベースボール・クラシック（WBC）の日韓戦に合わせた尹大統領の訪日と両首脳による共同観戦

図表1-1　2023年3月の日韓首脳会談の主な合意内容

元徴用工	韓国の財団が日本企業の賠償を肩代わりする解決策を履行
首脳の往来	シャトル外交の再開
	首相が適切な時期の訪韓検討
安保協力	日韓安保対話の再開
	日米韓でミサイル情報共有
	GSOMIAの正常化
韓国への輸出管理	半導体材料3品目の厳格化措置の緩和
	輸出手続きが簡略な対象国への復帰に向けて対話
	韓国がWTOへの提訴取り下げ
経済	経済安全保障対話の枠組み新設
	日韓経済団体の基金創設を歓迎

（出所）「日本経済新聞電子版」2023年3月17日を基に作成

案が韓国政府に打診された。しかし、韓国側が元徴用工を含む国民への説明にもう少し時間がかかると伝えたことで、幻に終わったという。

3月16日に東京で開かれた日韓首脳会談は①シャトル外交の再開、②日韓安保対話の再開、③フッ化水素など半導体材料3品目の対韓輸出管理厳格化措置の緩和――などで合意した（図表1－1）。両首脳の共同記者会見では、元徴用工問題の解決策をめぐり尹が韓国側の責任で処理する内容を着実に履行していくと明言し、日本側が不安視する求償権の行使も否定した。一方の岸田は「日本政府は（１９９８年の）日韓共同宣言を含め、歴史認識に関する歴代内閣の立場を全体として引き継いでいる」と、従来の表現を繰り返すにとどめた。

岸田は、韓国メディアの記者から「韓国側の決断に対する日本の呼応措置がわからない」と問われても「尹大統領と個人的な信頼関係を確認し、緊密に意思疎通を図っていきたい。そうした取り組みを進める中で具体的な結果を一つ一つ出していきたい」と答えただけだった。日韓関係の改善に向けてあふれる気持ちをほとばしらせた尹と、一つ一つ言葉を慎重に選ぶ岸田のコントラストが熱量の違いを印象づけた。

尹自身は夕食会の2次会まで用意した岸田に感謝し「訪日結果に大いに満足していた」（韓国政府高官）というが、韓国政府は「日本からはほぼゼロ回答」と失望し、韓国世論も不満を強めた。帰国した尹を待ち受けていたのは「屈辱外交」などという革新勢力を中心とする容赦ないバッシングだった。多くの韓国メディアも「手ぶら外交」（革新系メディアのハンギョレ）などと批判し、3月25日にソウル中心部で開かれた集会には、革新系野党「共に民主党」の国会議員や労働組合を含む約2万人が集まった。同党代表の李在明《イ・ジェミョン》は首脳会談を「亡国外交」と呼び、元徴用工問題の解決策を撤回するよう叫んだ。保守勢力内は「このままでは２０２４年春の総選挙（一院制の国会議員選挙）での苦戦は免れない」との悲観論に覆われた。

韓国が「36年間の日本による植民地支配は不法」という判断をいまだに変えていないのが日韓関係の難しさだ。「国交正常化以降で最悪」の状況までつるべ落としのように転落していったのにはそこに根っこがある。野党・市民団体の反政府運動とメディアの否定的な論調にさらされた尹の支持率は訪日前より7ポイント程度下がった。それでも尹の対日改善路線がぶれることはなく、韓国政府側から次々と日本側に歩み寄っていくスタイルを変えなかった。

安倍派に配慮

岸田が訪韓を決めると、首相官邸サイドに自民党安倍派の議員などから岸田にクギを刺す意見が相次ぎ届いた。15年8月14日に政府が閣議決定した安倍晋三首相の「戦後70年談話」には次のようなくだりがあり、これが日本政府によるさらなる「反省とおわび」は認めないという安倍派内の主張のベースになっている。

「日本では、戦後生まれの世代が今や人口の8割を超えています。あの戦争には何ら関わりのない、私たちの子や孫、そしてその先の世代の子どもたちに謝罪を続ける宿命を背負わせてはなりません」

岸田率いる日本政府にも「反省や謝罪」の選択肢はなかった。まずは「歴史認識に関しては岸田首相がこれまで『歴代内閣の立場を全体として引き継ぐ』と繰り返してきた以上、『反省とおわび』の部分だけを切り取って話すわけにはいかない。読み上げるならすべての宣言や談話を全文読まなければならない」（政府高官）という理屈がある。さらに「尹大統領自身が『日本がこれ以上謝罪する必要はない』と言っているわけだから、日本が謝罪すれば尹氏のはしごを外すことになりかねない」（別の高官）との判断もあった。

一方で会談関係者は「政治的な理由が大きい。最大派閥の自民党安倍派が『すでに終わった問題』と反対する以上、無理だった」と打ち明ける。

「韓国国民の心に響く言葉を」という韓国政府関係者の要望に対しても日本外務省の反応は最後まで冷ややかだった。しかし当の岸田は別のことを考えていた。尹を日本に招いた3月の日韓首脳会談後に自らの内閣支持率が上昇したのとは対照的に、尹は国内で批判を浴びて支持率を落とした。厳しい状況にある尹を何とかしなければいけない――。周辺が語った岸田の思いだ。

外務省内にはソウルでの岸田の発言がもし韓国世論に響かなければ、訪韓がかえって逆効果になるとの懸念があった。「完全に総理のトップダウンだった」。外務省幹部はこう証言する。

岸田を取り巻く政治環境の変化もプラスに働いた。それまで自民党の反発によって岸田政権内でリスク要因とみられていた韓国との関係修復が、3月の日韓首脳会談を契機に「日韓外交は政権浮揚に使える」（関係者）と位相が変わってきた。

尹政権に近い要人によると、朴槿恵《パク・クネ》政権期の大統領秘書室長で元駐日大使の李丙琪《イ・ビョンギ》が5月に岸田のもとをひそかに訪れて早期の訪韓を促したのも大きかったという。李は岸田が外相時代の15年に韓国政府との間でまとめた慰安婦合意の立役者の1人だが、文在寅政権時代に特定犯罪加重処罰（国庫損失）法違反などの罪で懲役3年6カ月の実刑判決を受け収監された。岸田は20年に出版した自著『岸田ビジョン』の中でも李丙琪の名前を挙げて「私の印象では優秀で穏やかな良い人でした。その苛烈な運命に言葉を失います」と記している。当時の文政権を厳しく非難し「いま、文政権は支持率維持のために世論受けする反日に活路を見いだそうとしているように見えます」と不快感を隠していない。

23年4月下旬には尹が国賓待遇で訪米し米大統領、バイデンに歓待される。岸田訪韓の2週間後の5月19～21日には岸田の地元、広島でバイデンが参加し、尹も招待される主要7カ国首脳会議（G7サミット）の開催が待ち受けていた。そんな政治カレンダーを横目に、サミットに議長として臨む岸田が開幕日より前に日韓の改善を軌道に乗せたいと考えたのは想像に難くない。

「3プラス1」のサプライズ

5月7日にソウルの韓国大統領府で開かれた日韓首脳会談。①未来志向で関係を深める、②北朝鮮のミサイル対応で抑止力を強化する、③半導体のサプライチェーン（供給網）構築で連携する——などで合意したが、ハイライトは会談後の共同記者会見だった。尹政権はそこに岸田による「3プラス1」の政治決断をみた。驚きが大きかったのはやはり岸田が「自分の言葉」で歴史認識を語ったことだ。

「私自身、当時厳しい環境のもとで多数の方々が大変苦しい、悲しい思いをされたことに心が痛む思いだ」

この言葉をほとんどの韓国メディアが1面トップで報じた。韓国での日本専門家の第一人者で尹の外交ブレーンである朴喆熙《パク・チョルヒ》国立外交院長は首脳会談直後の筆者のインタビューで「岸田首相が尹大統領の決断に誠意を示した」と評価したうえで、次のような解釈を示し

日韓首脳会議で握手する岸田首相と尹大統領
(2023年5月7日、ソウル)＝共同通信イメージズ

た。「厳しい環境のもとで」というのは植民地支配時代、「多数の方々が大変苦しい、悲しい思いをされた」は元徴用工たちをそれぞれ指す。「植民地支配時代に苦しんだ人に絞って、特定の人に気持ちを表明したのは意味がある。岸田首相の言葉はもっと評価されてもいいのではないか」。

会談に先立ち、尹は政権内で「岸田首相に圧力をかけるな」と厳命していた。反省や謝罪を韓国側から求めるなと抑え込んだのだ。ただ、尹の周辺からすれば岸田が本当に「手ぶら」で来れば尹政権は国内でもたない。韓国政府や尹に近い関係者は日本政府関係者に「反省や謝罪が無理なら岸田首相から韓国国民の心に響くような温かい言葉をかけてもらえないか」と要望を伝えていた。それでも日本側から色よい返事がなく会談当日まで不安な日々を過ごしていた。

共同記者会見で岸田が語った歴史問題に関する言葉を韓国政府が事前に日本側から知らされていなかったことを物語るエピソードが残っている。岸田が言及した「厳しい環境のもとで」について、韓国側の通訳は当初、日常で使う「厳しい環境」とそのまま訳したが、それでは韓国国民にニュアンスが伝わらないとして韓国大統領府は数時間後に「過酷な環境」と、より重い表現に訂正した。尹の外交ブレーンの1人は「日本側と事前に調整していたら韓国語訳の訂正はなかったはずだ」と語る。

岸田が清水の舞台から飛び降りたわけではない。そこは慎重さを残す岸田だ。「心が痛む」は、元首相の安倍晋三が15年12月の日韓慰安婦合意の際に使った表現でもあった。安倍は当時の韓国大統領、朴槿恵との電話協議で「元慰安婦の方々の筆舌に尽くしがたい苦しみを思うと心が痛む」と語っている。安倍と同じ文言を踏襲することで日本国内の保守層の反発を避けられるとの読みもあったのだろう。関係者によると、元徴用工らに対し「心が痛む」との言葉を最終的に決めたのは岸田自身だ。過去の政府見解などを基に練られたいくつかの文案から岸田が選び、そこに言葉を紡いだのだという。

政府専用機で韓国に降り立った岸田が最初の訪問先として顕忠院を選んだのも韓国側は好

意的に受け止めた。朝鮮戦争やベトナム戦争などの戦死者のほか、独立運動家も眠る国立墓地で、同国では大統領や政党の代表らも節目に訪れる特別な場所だ。これが２つ目のサプライズだった。

３つ目は、Ｇ７広島サミットの際に同市の平和記念公園内にある「韓国人原爆犠牲者慰霊碑」に岸田と尹が一緒に訪れるとした合意だ。「（歴史問題の解決のため）日本の首相が言葉で表したことを行動で実践するもの」（朴院長）と映るからだ。戦時中の広島には軍事施設や軍需工場が置かれ、兵士や労働者として住んでいた朝鮮半島出身者も多かった。このため広島の原爆投下によって日本人とともに多くの朝鮮半島出身者が被爆したが、その事実は韓国内でもあまり知られていない。「広島が選挙区の岸田首相でなければできない決断」と韓国内で意外なほど評価が高かった。「日本の首相が慰霊碑に頭を下げる映像は韓国国民の胸を打ったはずだ」と韓国に詳しい日本政府高官は話す。

「『心が痛む思い』発言」「顕忠院訪問」「原爆犠牲者慰霊碑参拝」という歴史関連の３つに続く、第４のサプライズが、東京電力福島第１原子力発電所の処理水の海洋放出計画に関し、韓国から視察団を受け入れる決定だ。韓国では「食の安全」の観点から、一般市民の処理水問題への関心が元徴用工問題を上回るほど高く、厳しい目が日本に向けられている。特に小さな子どもを持つ30～40代の女性を中心に懸念が強く、韓国各地で「汚染水放出」への反対デモが開かれてきた。「国際原子力機関（IAEA）が出す最終報告書を前に、韓国の不安に日本が正面から向き合おうとしたのは両国にとってウィンウィンの合意だ」（日本政府高官）と日本でも歓迎の声があがった。

岸田による「3プラス1」のサプライズについて、陳昌洙《チン・チャンス》世宗研究所日本研究センター長は「一つ一つをみれば大きな進展ではないが、言葉と行動が一体となっている。岸田首相は韓日関係の改善に心を込めて対応した」と評価する。韓国外交筋は「これまで安倍晋三元首相と見まがうほどだった岸田首相に対アジア外交を重視してきた『宏池会』のDNAがみえてきた」と変化を指摘した。

日韓首脳会談から一夜明けた5月8日付の韓国各紙は、尹と立場の近い保守系が1面で元徴用工に対する岸田の「心が痛む」発言を取り上げたのに対し、革新系は岸田が謝罪の言葉に触れなかったことに焦点を当てて批判的に報じた。

尹を支える保守派勢力と、野党を支持する革新派勢力が鋭く対立する国柄にあって会談の評価が割れるのは日韓両政府ともに織り込み済みだ。ターゲットにしたのは、韓国の「潜在的な最大勢力」である中道層だった。

韓国社会は右派と左派で真っ二つに割れている印象が強いが、実は何があっても支持・不支持の立場を変えない、いわゆる強硬派の保守政党と革新政党の岩盤支持層はそれぞれ3割程度といわれる。大統領選や総選挙などの大型選挙では残り4割前後の中道・中間層がどちらの候補につくかで勝敗が決まってきた。

その点で韓国の対日政策も構図が似る。日本からの「誠意ある呼応」がなくても尹が強力に対日改善路線を進めるほど保守派＝推進、革新派＝反対の対立が先鋭化する。このため日韓両政府はともに中道・中間層の心に刺さるすべを探ってきた。

「ウィンウィン」のサムスン日本進出

日韓関係はそれほど甘くない。23年5月10日で就任1年を迎えた尹の5月第1週の支持率（韓国ギャラップ、同12日発表）は前週比2ポイント上昇の35％。その1カ月前と比べると8ポイント上昇した半面、同7日の日韓首脳会談が「成果があった」は33％、「成果がなかった」は49％だった。これについて韓国大手紙の幹部は「会談結果をテレビ各社が総じて否定的に報じた影響が大きい」と分析。韓国大手シンクタンクの幹部は「尹大統領が進める政策は何でも気に入らないという人がかなりいる。まずは30％前後にとどまっている支持率を上げるのが大事だ」と指摘する。

それでも岸田の「3プラス1」によって、それまで対日外交で徒手空拳だった尹政権が中道の層を説得させるための材料を持てるようになった意味は小さくない。ソウルで会った韓国の要人はそう口をそろえた。そのうちの1人は「ソウルの街から『屈辱外交』の文字が消えた。それだけでもまずは大きい」と語る。

楽観はけっしてできないが、近年、「主張する外交」が主流だった日本の対韓政策に久しぶりに戦略性がみえたのが岸田訪韓だった。

尹は手を抜かない。日韓首脳会談から4日後の5月11日には訪韓中の自民党副総裁(元首相)、麻生太郎を大統領公邸に招いて夕食会を開いた。麻生に「多くの役割を果たしてくれた」と謝意を伝え、未来世代の交流のための協力を求めた。

3月の韓国政府による元徴用工解決策発表と尹の来日以降、日韓関係は急速に改善した。5月の首脳会談後の共同記者会見で、尹は「韓国の半導体メーカーと日本の優秀な素材メーカーがともに強固な半導体サプライチェーンを構築するよう協力を強化することで(岸田首相と)一致した」と語った。その約1週間後、日本経済新聞の報道によって、22年半導体売上高世界第2位の韓国サムスン電子が日本に半導体開発拠点を新設することが明らかになった。

韓国トップ企業の拠点進出で日韓半導体産業の連携強化に弾みがつく。つい最近までの日韓関係は、日本企業に賠償を命じた元徴用工判決に対抗するかたちで日本政府が韓国の半導体を狙い撃ちした半導体材料の輸出管理厳格化という事実上の規制強化に踏みきり、それに猛反発した韓国内では日本製品の大規模な不買運動が全土に広まっていた。その光景が見事に様変わりした。これこそがまさに尹がめざす「ゼロサムでなくウィンウィンの日韓関係」といえる。

21年10月の岸田の首相就任時に官邸メンバーだったある関係者は、岸田の韓国への思いはもともと熱かったのだと話す。外相時代の15年に日韓慰安婦合意のとりまとめに奔走し、米国をはじめ三十数カ国から「合意を支持する」との表明を取り付け、「裏書き」としていた。それだけに文前政権から合意を一方的にないがしろにされたことで落胆は大きかった。「岸田さんが首相になってやりたかったのは非核化の問題と韓国だったと思う。それがビンビン伝わってきた」と明かす。岸田は核軍縮と日韓改善への決意を広島サミットの舞台でアピールした。

岸田の決断に自民党内の対韓強硬派も沈黙した。以下の3つの要素がそれを可能にした。

1つ目は、韓国人が好んで使う「真正性《チンジョンソン》」を尹大統領が示したことだ。日本語では「誠意」「真心」あたりだろう。自らの支持率に振り回されない愚直なまでの一本気が日本の首相官邸や自民党を動かした。2つ目は岸田の支持率上昇と早期の衆院解散・総選挙説が相まって、党内で岸田の求心力が高まっていたことだ。そして日本社会の空気の変化も見逃せない。韓国は中国や北朝鮮と対抗するための自由民主主義の一員との意識が国民の間に浸透しつつある。国別で韓国人がトップを走る訪日客の増加も日本経済に潤いをもたらす。

23年3~5月のわずか2カ月間で岸田と尹は3度もの首脳会談をこなした。広島サミットが終わると、世論調査結果にも日韓関係改善の成果が表れてきた。サミット閉幕から3日後の5月24日に韓国の世論調査機関が発表した複数の調査結果で、尹の支持率はそろって40%を超えた。前月までは30%台が多かった。1つは42・2%(不支持率56・5%)。支持理由としては「決断力・推進力」がトップで「米韓同盟・安全保障強化」が続いた。もう1つは支持率41・2%(不支持率57・2%)だった。韓国人の対日感情は一朝一夕には変わらないが、これまで日韓両国で「リスク要因」ととらえられがちだった日韓首脳会談の転換点となった。

韓国の次期大統領選は27年3月だ。慰安婦合意がトラウマになり、韓国との思いきった協力をためらってきた岸田政権も「尹政権のあと4年間でできるところまでやろう」と韓国との本格的な連携強化にカジをきった。

尹の支持率も本書を執筆している6月中旬時点で40％前後を浮き沈みしている。韓国では与野党が激しくぶつかり合う24年春の総選挙（一院制の国会議員選挙）に向けた政局が一段と激しさを増す。日本はそれに惑わされることなく尹政権との間で相互理解と対話を地道に進めながら、日本の主張を韓国と国際社会に発信・浸透させる努力を積み重ねることが国益につながる。

2 地殻変動と「ちゃぶ台返し」

2023年5月7日、ソウルの韓国大統領府。日韓首脳会談の全体会合の冒頭、首相の岸田文雄は大統領、尹錫悦に語りかけた。「大統領の訪日から2カ月足らずの間に、日韓の対話と協力がダイナミックに動き出している」。ダイナミックな日韓関係の改善は尹の「信念」と「勇気」によるところが大きい。

突き抜けた大統領

「私自身も文在寅政権がそこまで突き抜けているとは見抜けませんでした」。筆者のニュースレター「韓国Watch」（NIKKEI Briefing）にこう書いたのは2018年8月、当時の韓国大統領、文がいったんは日韓軍事情報包括保護協定（GSOMIA）の破棄を決めたときだった。それから5年近くがたった23年3月21日、現大統領、尹錫悦から同じぐらいの衝撃を受けた。ただし今度は良い意味でのサプライズだった。

「日本はすでに、数十回にわたって私たちに歴史問題での反省と謝罪を表明しています」「韓日関係も今や、過去を乗り越えていかなければなりません」「国民の皆さん、もう、自信を持って堂々と日本と向き合わねばなりません」。閣議の冒頭で尹はこうした発言を含めて20分余りも日韓関係について熱弁を振るい、反日の政治利用を強くけん制した。

この5日前に東京で開催した日韓首脳会談では、日本の首相、岸田文雄から元徴用工への反省と謝罪の言葉を引き出せなかったことで、反政権勢力である革新系野党やメディアは「屈辱外交」「亡国外交」などと尹に激しい非難を浴びせた。日ごろ尹政権に好意的な保守メディアも尹への不満を隠さなかった。日本から戻った尹を待ち受けていたのはいばらの道だった。

前述の尹の発言を紹介したソウル発の記事はたくさんの人に読まれ、日経電子版の「読者によく見られた映像ニュース（3月18～24日）」でも、岸田文雄首相のキーウ初訪問、WBC侍ジャパンの帰国・記者会見などを抑えて1位となった。

日経電子版「Think!」とツイッターに投稿した筆者のコメントにも、信じられないくらいの大きな反響があった。「待ちに待った大統領」とか「大統領が代わればまた元に戻る」などと、尹の言葉は、日本で韓国に親近感を抱く人々から、「嫌韓」と呼ばれる人々まで幅広い層に突き刺さったのだ。

「こんな政治家は過去にいなかった」

今どきの言葉で言えば、バズったのはなぜか。

何よりも日本人がすでに韓国に謝罪してきたという発言自体のサプライズだろう。国家の自尊心を優先し、日本政府に歴史問題の対応を求め続けてきた歴代大統領では考えられなかったからだ。しかも「数十回にわたり（謝罪した）」という言葉に筆者も2度驚かされた。

尹は、その異端児ぶりでそれまでも数々の言動が国内外で波紋を広げてきたが、その中でもこの発言は圧倒的だった。韓国メディアの知人に「これほど覚悟を決めた政治家は残念ながら今の日本には見当たりません」と伝えると、「韓国だってこんな政治家は初めてですよ」と半ばあきれたような表情で言い返された。

「反日の政治利用」を韓国大統領自らが戒めたことに、これまで同国に煮え湯を飲まされてきたと感じている多くの日本人は溜飲《りゅういん》を下げたのではないだろうか。

検察官一筋で政治家経験ゼロという、政治のしがらみとは無縁の大統領だからこそできた芸当だ。検察官時代も「突破」は尹の代名詞だった。部下にも「やってみろ、後は俺が責任をもつ」が口癖の親分肌で知られ、そのため組織で煙たがられ左遷の憂き目に遭ったり、検察総長時代には法相や大統領と摩擦を起こして解任させられそうになったりと、波瀾《はらん》万丈の検察人生を歩んだ。そのスタイルが日韓関係に「革命」を起こしている。

「剛速球」に戸惑う国民

今回の発言が意味をもつのは、日本が過去、首脳間の共同宣言や政府談話などを通じて韓国に「反省」と「おわび（謝罪）」を繰り返してきた経緯を知らない韓国人が数多くいるからだ。

一般的に韓国人は日本との関係で、1910年の日本による韓国併合の前後から1945年の日本からの解放までの歴史に詳しい半面、戦後の日韓関係にはほとんど関心がない。大手メディアの記者も、日本に赴任して初めて日本の反省や謝罪に関する事実を知ったと打ち明ける。

学校教育の影響が大きい。韓国では日韓併合前後の歴史が高校や大学の入試で頻出することもあり、子どもの頃から特に集中して覚える。それとは対照的に、日本の学校教育はかねて江戸時代までの古い歴史は時間をかけて教えながらも、第2次世界大戦の前後を含む近現代史の学習を後回しにする傾向があった。筆者の受験期がまさにそうだった。この両国間のギャップが、歴史認識の溝を生む底流にある。

「日韓関係は良くなってほしい、だけど韓国側のベタ折れでは……」と多くの韓国人は複雑な感情を抱いている。尹は閣議で「韓国が先に障害を取り除いていけば、必ずや日本も応えてくれるはずだ」とも語っている。

大統領が自国民に投げた剛速球は国民にとっても、メディアにとっても初めて見るボールなので、どう打ち返すか、戸惑っているようだ。

図表1-2　韓国政府が発表した解決策の骨子

- 韓国政府傘下の財団が原告に判決金を支給
- 係争中の訴訟も原告の勝訴が確定した場合は財団から支給予定
- 肩代わりの財源は民間の自発的貢献により調達
- 原告に判決金の受け取りに理解・同意を求める努力継続
- 歴史問題の真の解決に向けた研究と、未来世代に対する教育を強化

（出所）「日本経済新聞電子版」2023年3月7日

「公約のモメンタムが失われないうちに」

日韓最大の懸案だった元徴用工問題について、尹は3月6日に韓国政府の解決策を国民に発表するよう指示した。本来であれば、２０２２年中の発表を望んでいた。これまでは、慰安婦合意の二の舞いを避けるため原告らとの意思疎通を含めた丁寧な国内手続きが不可欠だと主張する側近や韓国外務省の助言を聞き入れてきたが、これ以上は待てないと決断した。

韓国政府の解決策は、日本企業が韓国最高裁に命じられた原告への賠償金の支払いを韓国政府傘下の財団が肩代わりするのが柱。「元徴用工の請求権問題は１９６５年の国交正常化時の日韓請求権協定で解決済み」とする日本の立場に配慮したものだ。これにより、日本製鉄や三菱重工業などの日本企業の資産が売却・現金化される最悪の事態はひとまず免れた（図表１－２）。

訪日のタイミングについて尹政権は、当初希望した3月20日が岸田のインド訪問と重なることが分かると16日への前倒しを決めたと関係者は明かす。解決策の発表からわずか10日しかたっていない強行軍のため、日韓首脳による共同声明の作成も断念せざるを得なかったが、1日でも早く訪日して日韓関係を正常に戻したいという尹の熱意が日韓両政府を動かした。

「賛成3割超」、もう1つの解釈

元徴用工問題は解決策の履行に焦点が移った。しかし、日本国内で2015年の日韓慰安婦合意のような韓国側による「ちゃぶ台返し」を警戒する声が絶えない。果たしてどうか。

漫画「巨人の星」に登場する星一徹が、激高して目の前のちゃぶ台をひっくり返すように、尹が27年5月までの任期中に自らの手で合意をほごにするとは考えられない。その信念・性格からも、また、政権戦略上も対日改善路線を突き進んでいくだろう。尹は岸田との3月の日韓首脳会談後の共同記者会見で、日本企業の賠償を肩代わりする財団による求償権の行使についても「その場合、全ての問題を元に戻してしまう」と否定したほどだ。

万が一、解決策が頓挫する場合があるとすれば、韓国内で反対論が沸騰して実行できなくなるか、尹の次の政権で葬られるかのいずれかだろう。

解決策の行方を、いくつかの視点から考えてみたい。1つ目は解決策自体の安定性だ。発表直後に韓国内で実施された主な世論調査の結果は、週刊誌「時事ジャーナル」（賛成37・8％、反対59・5％）、韓国ギャラップ（賛成35％、反対59％）、KBSテレビ（評価する39・8％・評価しない53・1％）など。いずれも反対（評価しない）が賛成（評価する）を上回っている。

これらの数字には別の解釈も成り立つ。韓国では歴史問題について、日本＝加害者、韓国＝被害者という想定で「100％日本が悪い」ととらえられるのが一般的だ。韓国ギャラップの質問も「日帝（日本帝国主義）強制動員被害を第三者が弁済する方策は韓日関係と両国の国益のため賛成」か「韓国政府の方策は日本の謝罪と賠償がなく反対」のいずれかを尋ねていた。KBSも同様だ。このような聞き方はバイアスを与えかねないのに、各調査で解決策の肯定的な評価が30％台半ばから後半に達した。これは「それなりに高い数字」（日本の外務省幹部）だと受け止めることもできよう。

尹政権が国内で逆風を受けているのは間違いないが、大きな打撃になっているわけではない。韓国ギャラップが解決策発表後の3月10日に発表した尹の支持率は34％（不支持率

58％）で、前週比2ポイント減にとどまった。同17日発表の同33％（同60％）を経て同24日発表は同1ポイント上昇の34％だった。

慰安婦合意の教訓

韓国政府の損得勘定からみても、ちゃぶ台返しは考えにくい。15年の日韓慰安婦合意で日本側は、韓国政府が設立した「和解・癒やし財団」に政府予算から10億円を拠出した。これに対し元徴用工問題の解決策は、日本の政府も企業も韓国側の財団に関与していない。もし27年に誕生する韓国の次期政権が解決策をほごにしても、ひとえに韓国の国内問題として、自身の手で新たな対策を講じなければならなくなる。

相手国の首脳に伝えた政府の解決策を後に覆せば国際的な信用に傷がつく。日韓慰安婦合意について、大統領選の最中から「再交渉が必要だ」と主張していた韓国の前大統領、文在寅も大統領就任後は最終的に「政府間の公式合意」だったと認めざるを得なくなった。

3月の日韓首脳会談に合わせて創設が決まった両国の経済界による「未来パートナーシップ基金」には日本側も経団連などが資金を拠出する。基金の行方には不透明な部分も残るが、経済分野を中心とする共同事業や若手人材の交流を促す取り組みなどにあてられるため、韓国側がこれを否定するのは難しいだろう。

対日政策を転換させた尹の賭けは短期的には政権にマイナス面に働く恐れがある。革新系の野党やメディアがこぞって「(岸田文雄首相にごちそうされた) オムライス1皿と交換した尹錫悦大統領の『土下座』」(韓国紙ハンギョレのコラム) などと政権批判のボルテージを上げるなかで、カギを握るのが世論だ。

解決策への賛否を韓国の年代別にみると、調査によってばらつきはあるものの、20代と60代以上の評価が比較的高く、30~50代は反対が多い傾向がある。

ちゃぶ台返しという言葉は、権力者や上長の独断で、下の者がお膳立てした提案や計画をご破算にするという意味で使うことがしばしばある。韓国では世論を「民心」と呼び、時の政権も過剰と思えるほどに民心を重視してきた。近年は特に若い世代が政府の政策や選挙に影響力をもつようになっている。17年大統領選は革新の文在寅のもとに、22年は保守の尹錫悦のもとにそれぞれ多くの若者が駆けつけ、政権交代に導いた。

韓国外交の大転換

ダイナミック・コリア――。対日外交でもスピーディーかつ大胆な尹政権をみて、この言葉を思いだす機会が増えている。金大中《キム・デジュン》大統領（在任１９９８〜２００３年）時代に打ちだされた韓国の国家ブランドを発信するキャンペーンのスローガンだ。

尹は良くも悪くも頑固なのが特徴だ。対日政策をめぐる自身の発言がどれだけ批判されて支持率が下がろうが、ひたすら前に突き進む。23年4月の初訪米に先立つ米紙ワシントン・ポストのインタビューでは「１００年前の歴史のせいで日本人がひざまずかなければならない、という考えを私は受け入れられない」とさらに踏みこんだ。尹は「欧州は過去１００年にわたりいくつかの戦争を経験したが、将来のために協力する方法をみつけた」と指摘し、こうした考えのもとで、元徴用工問題の解決策を示し日韓首脳会談につなげる一連の決断に踏みきったと明かした。

日本と韓国は加害者と被害者という位置づけこそ、保守、革新問わず歴代韓国大統領による対日認識の出発点だった。尹の相次ぐ「日本容認」発言は韓国外交の大転換といえる。

3 安保が変える韓国、半島の殻を破る

「核には核で」成果を得た韓国

2023年に締結70年の米韓同盟は4月26日の米韓首脳会談で1つの節目を迎えた。米国が核兵器を搭載できる戦略原子力潜水艦の韓国派遣を打ちだし、敵への反撃も含めた核抑止強化のための「米韓核協議グループ（NCG）」の新設も決めた。韓国への核使用をちらつかせる北朝鮮に対し「核には核で対抗するしかない」との核保有論が台頭する韓国世論を背に大統領、尹錫悦が拡大抑止の強化策を迫り、米大統領、バイデンから大きな成果を得た。

会談では、①北朝鮮への拡大抑止、②経済安全保障、③日米韓連携、④インド太平洋戦略——の4テーマをめぐり、両国の思惑が交錯した。

米韓の駆け引きは首脳会談の直前まで続いた。最終局面の舞台となったのは米欧メディアだ。尹は4月19日配信のロイター通信のインタビューで「台湾問題は北朝鮮問題と同じグローバルイシューだ」と中国の反発を覚悟で旗幟《きし》を鮮明にした。案の定、中国から「中国の

内政であり、他人の口出しする余地はない」と激しい抗議を受けた。ウクライナに殺傷能力のある兵器を条件付きで供与する可能性も示唆し、ロシアからの警告も招いている。米国に対して④のインド太平洋戦略で韓国の本気度を示したのだった。

中ロにケンカ売り、日本にはさらに歩み寄る

中ロに「ケンカ」を売り、日本にはさらに歩み寄った。米ワシントンで自らを待つバイデンへのギフトにほかならない。それほどまでに欲しかったのが米国との事実上の「核の共有」だった。尹にとって最大の目的は①の北朝鮮の核・ミサイル問題だ。北朝鮮の朝鮮労働党総書記、金正恩《キム・ジョンウン》が核弾頭の量産を指示し、4月13日には米本土を狙う新型大陸間弾道ミサイル（ＩＣＢＭ）「火星18」を発射した。迅速に発射できる固体燃料型エンジンの実用化が進むなかで、韓国内には「米政権は北朝鮮の核攻撃が迫った場合、ロサンゼルスやサンフランシスコを犠牲にしてまでソウルを救うだろうか」と、韓国防衛への疑念が広がっている。

韓国で独自の核武装や戦術核の再配備を求める世論は7割前後に達する。国際社会の反発を生む独自の核配備は難しくとも、米国と核を共有する北大西洋条約機構（ＮＡＴＯ）のような仕組みが必要だとの期待が強い。尹はロイターのインタビューで「ＮＡＴＯより強硬な

図表1-3 韓国は日米と協力強化をめざす

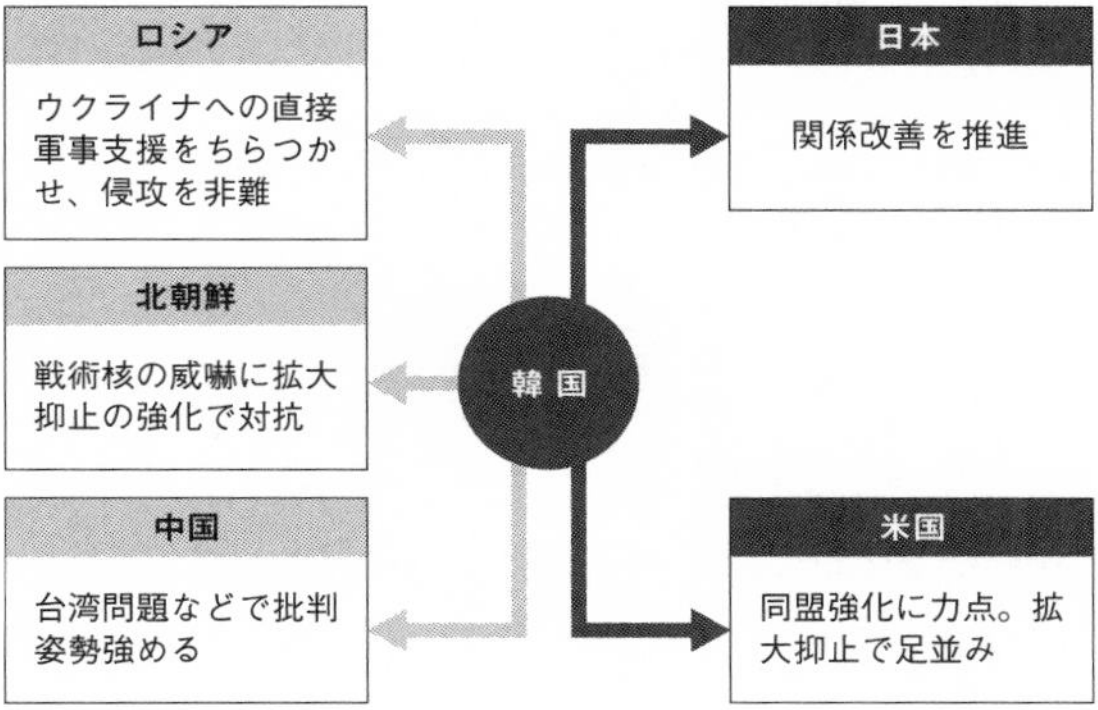

（出所）「日本経済新聞電子版」2023年4月28日

手段を準備すべきだ」と米国に迫っていた（図表1―3）。

バイデンはこれに応えた。米韓首脳会談で①核を搭載できる米原子力潜水艦を韓国に派遣する、②米国の核兵器の運用方針に韓国をある程度関与させる協議体を創設する、③北朝鮮が核を使えば米国が確実に核で報復する意思を示す――との3点セットを示した。尹との共同会見では、北朝鮮が核を使えば「いかなる政権でも終焉《しゅうえん》につながる」と強調した。

米国からすれば朝鮮半島に展開できる戦略兵器の資源は限られているが、かといって韓国の核武装は認められない。韓国の核保有論の沈静化が米政権の大きな目的だった。米国内では核保有論に傾斜する韓国への警戒感が高まっていた。

米韓首脳会談の結果について、米韓関係に詳しい阪田恭代・神田外語大学教授は筆者の取材に「最も大きいのは韓国が一番心配していた北朝鮮への拡大抑止をめぐり、米国が核で韓国を守ることをより確かな形にしたことだ。米韓でつくる核協議体はＮＡＴＯのような核の共有まではいかなくとも、アジアでは初めてのもので、米国が提供する拡大抑止が新しいステージに入る」と意義を指摘。ただし「米国は韓国に対し、拡大抑止と核拡散防止条約（ＮＰＴ）の順守はセットだ、と念を押した」と語る。安全保障が専門の神保謙・慶応義塾大学教授は日本経済新聞電子版「Ｔｈｉｎｋ！」の投稿で「核使用に関する計画や意思決定に韓国が関与することは画期的といえるが、実際の北朝鮮の戦術核に対する抑止のあり方については具体的な進展があるとはいえない」と解説した。

核配備への賛成論7割

米政権も警戒する韓国の核保有論を検証したい。２０２２年10月、北朝鮮がそれまでの7回にわたる弾道ミサイル発射は「戦術核を想定した訓練だった」と主張すると、韓国政界で核をめぐる論争がにわかに盛り上がった。「米国の核ミサイルを搭載した潜水艦を日本海に配備すべきだ」「北朝鮮の核攻撃が迫ったら米国の核兵器を韓国と日本に配置するのが望ましい」。保守系与党「国民の力」の特別委員会は同年11月に作成した非公開の中間報告書に核配備に関する記述を盛り込んだ。

23年1月30日に発表された韓国ギャラップの世論調査では、韓国独自の核開発は「必要だ」との回答が76％に達し、「反対」の3倍を超えた。これに先立つ22年5月の別の民間シンクタンクの調査でも核武装への賛成論が70％に上った。韓国人の「核」との向き合い方は日本人とは異なる。

核保有への期待が高まる韓国社会の底流に何があるのか。「韓国には同盟国の米国からいつか見捨てられるという恐怖心が常にある」と語るのは米韓関係に詳しい研究者だ。韓国の国家安保戦略研究院によると、かつて駐韓米軍には50年代後半から戦術核が配置され、60年代には短距離核ミサイルや核砲弾など950発が置かれていた。しかし、70年代に秘密裏に独自の核開発に挑んだ当時の大統領が朴正熙《パク・チョンヒ》だった。その頃の韓国は北朝鮮より国力、軍事力ともに劣っていた。一方で「米国は膨大なコストと、朝鮮半島での紛争に巻きこまれるのを恐れ、在韓米軍を撤収し韓国を見限るのではないか」との疑念がぬぐえなかった。「米国は韓国に最新の兵器や技術を供与せず、韓国が軍事力による南北統一の野心を持たないように防衛産業の育成にも力を貸さなかった」（同）ことも独裁者の朴を焦らせた。韓国の通常兵器では北朝鮮に太刀打ちできない。ならば、と頼ったのが核だったというわけだ。しかし、朴の野望も米国の核の傘から外れることを恐れた米政権によって阻止された。

91年12月に韓国と北朝鮮が核兵器の製造・保有・配備などを禁じた朝鮮半島非核化宣言で合意すると、それに基づき米国は在韓米軍に配備していた戦術核兵器を撤収した。

北朝鮮がその後も6回の核実験をはじめ核開発を着々と進めていったのは周知の通りだ。米本土全域を射程に収める大陸間弾道ミサイル（ＩＣＢＭ）まで開発するようになると、韓国国民の間では「米国は北朝鮮から自分たちが狙われるリスクを負ってまで我々を本当に助けてくれるのか」との不安が再び頭をもたげるようになった。

対中警戒感の高まり――火付け役は大統領

そもそも韓国には、米国を完全に信用しきれないＤＮＡがある。１９０５年の桂・タフト協定と、50年の「アチソンライン」発言がいまも語り継がれている。前者は米国のフィリピン支配と日本の朝鮮半島支配を互いに認め合った秘密覚書。１９１０年の日韓併合の端緒だったと韓国側はみなす。後者は、アジアでの米国の防衛ラインから朝鮮半島を外すという当時の米国務長官発言によって「米軍の防衛意志は弱い」とみた北朝鮮軍が韓国に侵攻し、朝鮮戦争が始まる一因になったとされる。

さらに注目すべきは国民の意識の変化だ。最近の各種世論調査では北朝鮮の非核化が「不可能」との回答が軒並み8〜9割を占める。世界唯一の戦争被爆国である日本に比べると韓国はもともと核開発への拒否感が薄い。さらに、北朝鮮が戦術核の使用を示唆したことで、交渉を通じた核放棄はもはや無理で、核には核で対抗するしかないという認識が広く浸透した。

こうした現象は保守政権時代に限らない。革新系の文在寅政権下の21年末に発表された韓国政府系シンクタンク、統一研究院の調査でも、韓国の核保有に賛成した人が71%だった。分断国家の韓国は右派が国際主義、左派が民族主義で日本とは異なる。左派は他国に頼らない「自主国防」をめざす点も特徴的だ。軍事大国志向が右派に負けず劣らず強い。韓国ではかつて大国に踏みにじられた半島の歴史を踏まえ、核保有を米英仏ロ中にしか認めない核拡散防止条約（NPT）体制を古い帝国主義時代の名残とみて、韓国による核兵器の保有も主権や生存権を確保する手段として拒まない傾向がある。

中国への警戒感の高まりも見逃せない。日本の言論NPOなどが22年7〜8月に実施した日韓共同世論調査では、韓国人のほぼ3人に2人が中国を「軍事的な脅威」とみなした。米国の世論調査機関、ピュー・リサーチ・センターの同年2~6月の調査結果でも、韓国人の10人に8人が中国に否定的な見解を持っている。北朝鮮核・ミサイル問題の悪化に、韓国内の嫌中・反中感情の高まりとロシアのウクライナ侵攻が重なり、韓国人の安全保障への関心が高まった。

火付け役は尹大統領自身だ。23年に入り、北朝鮮が核の挑発をさらにエスカレートさせれば、韓国が戦術核を配備し、独自に核を保有し得ると「核武装」の可能性に言及した。それでも韓国政府内で核武装や戦術核の配備に向けた検討は進んでいない。なぜか。それは、韓国の軍事同盟国であり、韓国が戦術核を保有・使用するとすれば決定的な役割を担う米国が否定的な態度をとり続けているからだ。ホワイトハウスにある米国家安全保障会議（NSC）のカービー戦略広報調整官は韓国への戦術核の再配備問題について「我々の目標は朝鮮半島の完全かつ検証可能な非核化だ」と慎重な姿勢を示した。

米国が韓国の核武装に後ろ向きの理由はいくつも挙げられる。まず韓国が自前で核武装をしようとした場合、NPTに違反するため、国際社会の反発は避けられない。韓国に核を持ち込めば北朝鮮に「朝鮮半島の非核化」を迫る名分も失われ、朝鮮半島の緊張を自ら高めることになる。米国が警戒する「核の拡散」にもつながり、日本や台湾などアジアで連鎖しかねないとみる。そもそも北朝鮮と至近距離で攻撃されやすい韓国内に、戦術核を配備することが戦術的に効果的なのかという疑問も提起されている。

文と異なる世界観・安保観

尹と文の宰相像の違いは「歴史観」「世界観・安全保障観」に象徴される。文は保守派が主導した建国以来の歩み自体を否定し、歴代保守政権の「積弊清算」を強引に推し進めた。「韓（朝鮮半島）半島平和プロセス」「韓半島新経済地図」の構想に代表されるように、北朝鮮との間でいかに融和的な南北関係を築くかが一貫して政権の最優先課題だった。

換言すると、朝鮮半島に恒久的平和体制を構築する目標をあらゆる対外政策の起点に据えたのである。対日政策や対中政策、さらには米韓同盟でさえ対北朝鮮政策のフレーム内で考えられたと当時、ソウルで取材していた筆者には映った。

一方、尹は北朝鮮の核・ミサイル脅威やサプライチェーンの確保といった世界的な課題に対処するため、日米との協力拡大の必要性を訴えた。ルールに基づく秩序や自由の価値観を基調に日米の外交戦略と歩調を合わせた。大統領に就任すると直ちに経済安全保障の観点から中国に対抗する米国に同調し、同国が主導する新たな経済圏構想「インド太平洋経済枠組み（ＩＰＥＦ）」への参加を表明した。

米国も歓迎した。サリバン米大統領補佐官（国家安全保障担当）は「韓国が他の同盟・友好国との協力を拡大することで、平和や安全、核不拡散に寄与する」と評価する声明を発表した。日米韓の共闘態勢が整ってきた。

「国益と価値」の外交へ

台湾海峡および近海がエネルギーなど資源輸入の重要なシーレーン（海上交通路）になっている境遇は日韓両国に共通する。中国侵攻による台湾と近海の危機によってサプライチェーンが寸断されれば、経済や国民生活が混乱に陥る可能性が高い。世界地図をみれば潜在的なリスクは一目瞭然だ。台湾有事では日本よりもむしろ韓国の方がシーレーンでの物流において打撃を受けやすいことが分かるが、韓国人は日本人に比べて中台関係への危機感が薄い。

文政権時代は貿易や北朝鮮問題で依存する中国を刺激することへの拒否感が根強く、台湾問題には目を背けがちだった。これに対し、尹政権は台湾問題を我が事のようにとらえ始めている。2022年9月の米CNNインタビューで、台湾有事について聞かれた尹は「中国が台湾を攻撃した場合、北朝鮮も挑発をする可能性が非常に高い」と答えた。現実的な分析である。韓国の外交専門家は「尹政権は外交の範囲を、地理的な近隣国から、国益と価値に基づく概念へと変えた。国際社会で高まった韓国の地位に相応の貢献をしようという意思を持っている」（峨山政策研究院の崔恩美《チェ・ウンミ》研究委員）と指摘する。

歴代政権の外交は歴史上、侵略や支配などを受けた米国、中国、ロシア、日本をまとめて呼称する「4大強国」のくびきから抜け出せずにいた。尹政権は発足時から「グローバル中枢国家」を唱え、視野が文前政権時代の朝鮮半島から東アジア、さらに世界へと広がっている。

韓国は23年6月の国連総会で、国連安全保障理事会の非常任理事国（24年から2年間）に選出された。日韓がともに非常任理事国となる。弾道ミサイル発射を繰り返す北朝鮮などに対し、米国を含む3カ国がそろって国連で対応にあたる。尹は選出を受け、「グローバル外交の勝利だ」と評価した。

4　隠れた軍事大国――日本は「敵」から「同舟」へ

「韓国」がメルクマールに

２０２２年末から23年にかけて、防衛省・自衛隊内で「韓国」が流行した。「１人当たりの国防費は韓国が１２７４ドル（約12万円）で日本の約２・５倍」「国防費の対国内総生産（ＧＤＰ）比は２・57％（日本の防衛関係費は０・96％）」（いずれも21年度）――。韓国がいかに国防費を上積みしていったかを防衛省・自衛隊の幹部が政治家やメディアに説いて回る姿がよく見られた。ある政府高官は「政治家への説明では『韓国』の名を出すだけで反応が違って効果がある。『韓国には負けられない』となる」という。

そもそも日本には韓国の軍事力を軽視する傾向があった。しかし、実態は約50万人の兵力を保持し、自衛隊の２倍を超える（図表１－４）。北朝鮮や中国、ロシアに囲まれ、国防費の規模でも世界10位圏の軍事大国だ。国防中期計画に沿って22年から５年間で３１５兆ウォン（約31兆円）を投じる。

図表1-4 日本周辺における主な兵力の状況

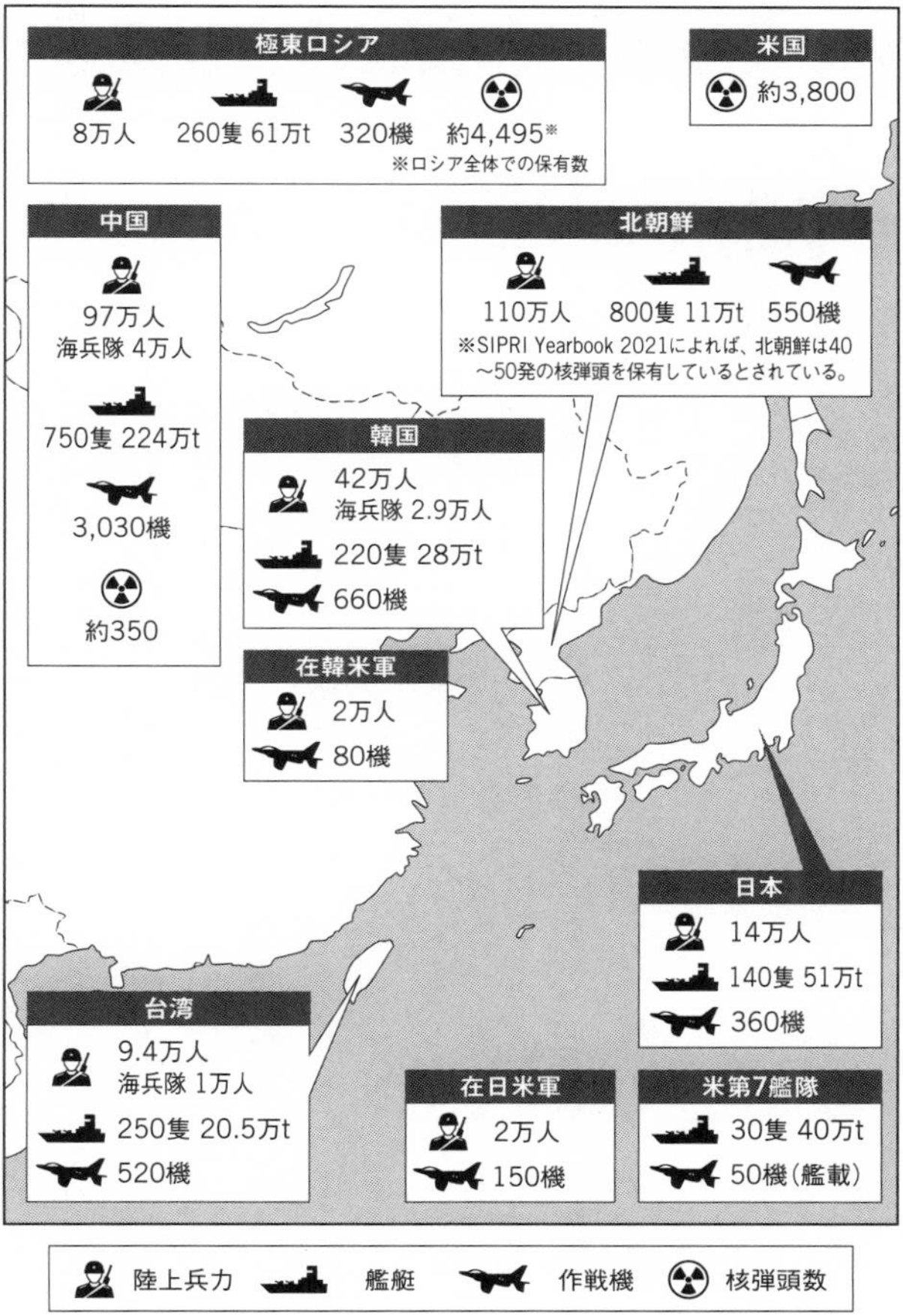

（出所）『令和4年版 防衛白書』を基に作成

北朝鮮抑止のキーワードは「3軸体系」と呼ばれる3段階の防衛・反撃計画だ。第1段階の先制打撃である「キルチェーン」は、北朝鮮のミサイル発射の兆候を探知すると、撃たれる前に地対地ミサイルなどによる先制打撃で発射拠点をたたく作戦を指す。第2段階の迎撃では、地対空誘導弾パトリオットミサイル（PAC3）の性能改良などを進める。最終段階となる報復攻撃は、戦闘機や弾道ミサイルなどで北朝鮮に総攻撃をかける。

日本政府も22年末に戦後の安全保障政策を転換し、相手のミサイル基地などをたたく「反撃能力」の保有を決めた。これらの動きに反発する北朝鮮が導火線に火をつけるかもしれない。有事に日韓のどちらかが北朝鮮を攻撃すれば、もう一方が報復されるリスクも想定しておく必要がある。前述の神保謙・慶応義塾大学教授は22年4月の筆者の取材に「日韓の攻撃能力は互いに対し共同で責任を負えるような調整の仕組みづくりが、この1、2年で最大の焦点になる」として「米国のプレゼンスを支える同志感覚のような発想がプライオリティーになるのが望ましい」と話した。

日韓の間で政府高官の協議や米国を交えた共同訓練をどれだけ重ねても、18年12月の韓国海軍による自衛隊哨戒機へのレーダー照射問題が両国にトゲとなって突き刺さっていれば、自衛隊と韓国軍の相互不信は解消されない。レーダー照射後、それまで盛んだった自衛隊と韓国軍の交流は途絶えた。自衛隊側は「我々が100%正しい」とぶれず、日本政府高官も「隊員の命に関わる問題であり、うやむやにできない」と話していた。

日韓防衛当局のあいだで「アリの一穴」との格言が頭をよぎる事例が相次ぐ。北朝鮮の弾道ミサイルへの対処が一例だ。韓国で文在寅政権末期の22年3月24日に北朝鮮がICBMを日本海に飛ばしたとき、韓国国防省が既存の「火星15だった」と結論づけたのに対し、日本では岸信夫防衛相（当時）が発表した「新型ICBM」との分析を崩さなかった。21年10月の潜水艦発射弾道ミサイル（SLBM）発射の際も、防衛省は「2発」で、米韓両当局の「1発」と食い違った。「日韓の間で情報共有がうまくいっていない」のが専門家の見立てだった。安全保障の「アリの一穴」理論は、かつては日本の政界で自衛隊の海外派遣で歯止めがかからなくなるとの戒めに使われた。いまは中国やロシアを含めた専制国家に対抗する民主主義国家の足元が揺らぐ事態への警告になる。安保は一番弱いところから崩れていくのだ。

自衛隊と韓国軍の協力を妨げてきた自衛隊機レーダー照射問題も、23年6月4日の日韓防衛相会談において、再発防止で合意した。韓国側は照射の事実関係をなお否定しているが、日韓防衛当局は見解の違いを残しつつも、協力を重視する姿勢に転換した形だ。歴史問題や経済に続いて安保分野でも障壁が解消に向かえば日韓関係の改善に弾みがつく。

「見捨てられる恐怖」

多くの韓国人は、朝鮮半島で有事が起これば日本の後方支援なしに米国が韓国に適切な軍事支援を提供できないことを理解できていない。日本人も中国からの軍事的脅威に対処するうえで韓国の支援が必要だと感じている人はあまりいないのではないか。

こうした懸念を抱く米国が動いた。日米韓は22年11月、カンボジアの首都プノンペンで開いた首脳会談で共同声明を発表し、北朝鮮のミサイル発射情報を3カ国が「リアルタイムで共有する」と明記した。バイデン政権発足以降、米国が発表する共同声明やインド太平洋戦略にはきまって「日韓」の文字が登場する。安保最前線では同盟国同士の防衛網の綻びによって米国の兵士が危険にさらされるとの危機感がある。

ロシアのウクライナ侵攻は日韓に新たな不安のタネを生みだした。直接的な軍事介入に及び腰なバイデン政権の姿だ。核保有国のロシアと、米国の同盟・条約国ではないウクライナが争う組み合わせは、東アジアでの中国と台湾にそのままあてはまる。そうかといって、米軍が本格的にウクライナに介入すれば、インド太平洋地域の防衛が手薄になる恐れもある。

中国、北朝鮮の軍事的脅威と向き合う日韓は米国にこうしたジレンマを抱える点で共通している。

同盟には2つの恐怖があるといわれる。「巻き込まれる恐怖」と「見捨てられる恐怖」だ。かつてなく堅固とされる日米同盟も最近は日本政府に後者の不安がよぎるようになっている。元首相の安倍晋三にはこうした思いが特に強かった。日本政府が反撃能力の保有を決定し、韓国では米韓合意によってミサイル開発の射程制限が撤廃されたのも、地域の安定に向けて同盟・友好国に負担や役割の増大を迫る米国の意向が背景にある。日韓は互いに協力して米国をアジアにつなぎ留めておくことが両国の国益になる。

ロシアのウクライナ侵攻で「次は中国による台湾への武力行使」を懸念する声が強まっている。問題はより複雑だ。北朝鮮が米国とその同盟国をミサイル発射で挑発したタイミングで、中国が他の地域で行動に出る恐れもあるからだ。逆のケースもあり得る。

道下徳成・政策研究大学院大学教授も2022年4月15日の日本記者クラブでの会見で「台湾有事では、ロシアより北朝鮮がプレッシャーをかけてくる方が怖い」と指摘した。日米同盟は北朝鮮と台湾の二正面作戦を強いられ、場合によっては極東のロシア軍にも目を配らなければいけなくなるかもしれない。こうした悪夢のシナリオは米議会でも議論されてい

図表1-5　米同盟の指揮権比較

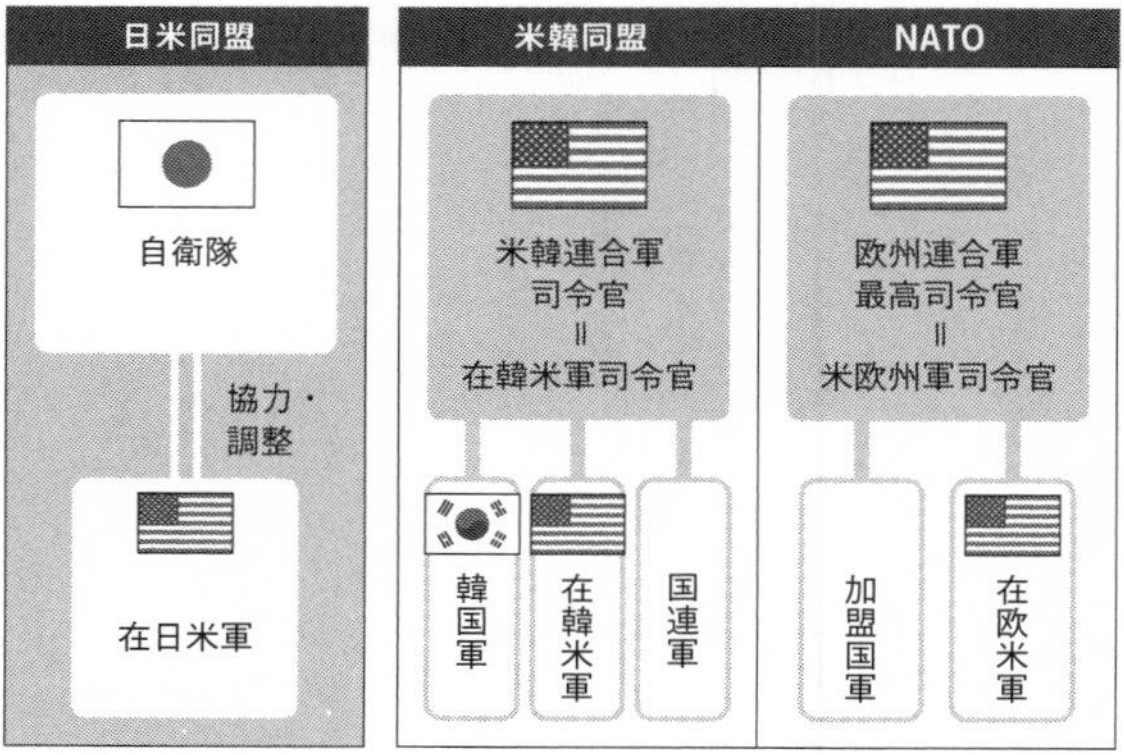

（出所）「日本経済新聞電子版」2022年9月28日

る。その場合、韓国が北朝鮮への対処を主導的に担えれば、日米同盟は台湾方面に重心を移せる。

筆者が日本経済新聞で配信するニュースレター「韓国 Watch」（NIKKEI Briefing）の読者から「日本の安全保障は『韓国抜き』で考えるべきだ」との意見が届いた。それは可能だろうか。

まず押さえておきたいのは、北朝鮮と対峙する米韓連合軍司令部の場合、米軍がトップを務める。仮に有事となれば、韓国軍は米軍の作戦指揮下に入る。日本は米韓同盟のような連合司令部を持たない（図表1－5）。日米安全保障条約第6条は米軍の日本駐留の目的について「極東における国際の平和及び安全の維持に寄与する」と定めている。日米共同作戦計画「5055」は、朝鮮半島有事の特定のシナリオのもとで自衛隊と米軍の部隊運用や連携に関する内容だ。「日米同盟は日本だけでなく韓国や台湾を守るためにも存在する」といわれるのはこのためだ。日米韓3カ国間の情報共有や共同訓練の重要性がかつてなく高まっている。

「インド太平洋」日米韓の共通戦略に

在韓米軍は朝鮮戦争の休戦後に結ばれた米韓相互防衛条約のもと、韓国を守るために存在する。他方、前大統領、文在寅時代の21年3月の米韓外務・国防担当閣僚協議（2プラス2）で米国の強い意向を受け、「（米韓同盟は）朝鮮半島とインド太平洋地域の平和、繁栄の核心軸」だと確認した。米国が韓国防衛を約束した米韓相互防衛条約にのっとれば、韓国が台湾海峡および近海に関わる一義的な義務はないはずだ。台湾有事の場合、韓国内では巻き込まれ論と中国の怒りを買う両方の不安から在韓米軍の出動に反対世論が強まる可能性がある。それでも、尹錫悦政権は発足後に発表した「自由・平和・繁栄のインド太平洋戦略」でさらに踏み込み、「台湾海峡の平和と安定が重要だ」と安全保障の視野を広げた。安保政策で日米に大きく接近し、「自由で開かれたインド太平洋」が日米韓共通の戦略となった。

ロシア大統領のプーチンがウクライナへの核使用をちらつかせる。東アジアには欧州でのNATOのような安全保障の枠組みがないため、日米韓3カ国の緊密な連携が重みを増す。米韓が15年に策定した作戦計画「5015」には、北朝鮮の核を抑止して北朝鮮の核使用に対応する手段が含まれている。日韓がいずれも国内に核を配備する選択をとらないなかで、米国による「核の傘」の信頼性をどう高めていくかは、日韓が共有する課題だ。

文政権時代の韓国政府は日本を北朝鮮との南北融和の「敵」のようにみなした。その後、尹政権の誕生によって日韓は脅威を共有し、安全保障危機にともに立ち向かう「同舟」の関係であるとあらためて気づかされた。

「インド太平洋地域のミッシングリンク（欠けた輪）」と危惧される日韓両国の対立は早期に修復する必要がある。尹政権誕生後の23年3月、韓国政府による元徴用工問題の解決策発表と尹の来日によって、最大の難問が最終決着に向けて大きく前進した。尹政権は同年6月に外交・安全保障政策の方針を示した「国家安保戦略」を発表。日本に対しては前政権時の「歴史問題などに断固として対応」から「普遍的価値を共有して協力強化」と変更した。

産業界は切っても切れない縁

韓国艦船による自衛隊機へのレーダー照射などの懸案が相次いだ18年以降、日韓両国間の防衛交流や合同訓練は滞り、かろうじて破棄を免れたGSOMIAも「最低限の連携」（日本政府高官）にとどまっていた。

文在寅前政権に生じた日本との懸案は多岐にわたり、しかも、その一つ一つが複雑に絡み合うだけに、解きほぐしていくのは至難の業だ。

大事なポイントが2つある。まず懸案の一つ一つがバラバラにみえて実は数珠つなぎのようになっている点だ。それをある程度、包括的に解決するカギは安全保障が握る。日韓間の諸懸案は元徴用工問題がクリアできればドミノ倒しのように他の懸案も解決に向けて好循環が起こる、まさに「点と線」といえる。

時計の針を戻そう。日本企業に対し、第2次世界大戦中の元徴用工らへの賠償命令を確定した18年の韓国大法院（最高裁）判決を受け、日本政府は翌19年、韓国向け半導体材料など3品目について輸出案件ごとに個別審査する輸出管理の厳格化措置に踏み切った。そのとき根拠に持ち出したのが、軍事分野に転用される恐れがあるという安全保障上の問題だった。

韓国大法院（最高裁判所）

本来の貿易上の規制を緩和する「グループA（旧ホワイト国）」の適用には安全保障上の友好国という条件があるからだ。日本の指摘を受け、韓国は改善策を講じ、日本も評価した。しかし、日本側が韓国側の運用を見極めるとして「グループA」への復帰を見合わせたのは元徴用工問題がまだ解決されていなかったためだ。日本側が安全保障上の懸念が払拭されたと判断しなければ、韓国を対象に発動した措置は解除されない仕組みになっていた。

日本の輸出管理厳格化措置をめぐっては、韓国が提訴した世界貿易機関（WTO）での紛争も続いた。「貿易問題で争っている国との経済連携は理屈に合わない」（政府高官）として、韓国が申請に向けた手続きを始めた環太平洋経済連携協定（TPP）への加盟も日本政府としては認めにくい。歴史をめぐる確執が、日韓企業が相互補完関係を築いてきた経済分野に波及した（図表1－6）。

国交正常化からの半世紀で、日韓の産業界は切っても切れない関係を築いた。韓国関税庁

図表1-6　韓国のフッ化水素輸入額

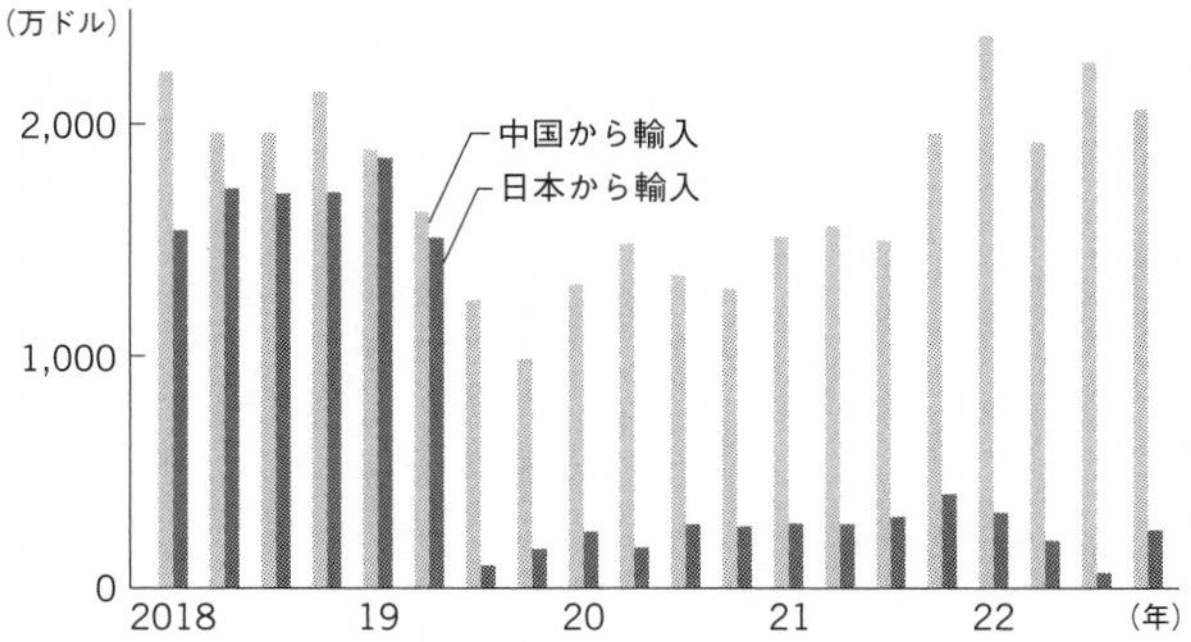

(出所) 韓国貿易協会、四半期ごと推移

は23年２月、日中韓や東南アジア諸国連合（ＡＳＥＡＮ）各国など計15カ国が加盟する東アジアの地域的な包括的経済連携（ＲＣＥＰ）協定の発効から丸１年を迎え、ＲＣＥＰを活用した輸出入取引の実績を発表した。日本向け輸出が22億３４００万ドルで67・３％を占め、２位の中国向け９億２０００万ドル（27・７％）を大きく上回っている。関税庁は「日本との初めての自由貿易協定（ＦＴＡ）というＲＣＥＰの特性から、対日貿易を中心に韓国企業のＲＣＥＰ活用が急速に拡大している」と説明する。

再び動き始めた「歯車」

23年３月、長く停滞していた日韓関係の歯車が再び動きだした。日本は３月16日の日韓首脳会談に合わせて対立要因となっていた輸出管理厳格化措置の緩和を決定。4月下旬には経済産業省が韓国を輸出優遇措置の対象となる「グループA（旧ホワイト国）」に再指定すると発表した。19年夏に厳格化した措置がすべて解除された。韓国政府も同3月23日、WTOの紛争解決手続きを撤回すると発表した。

韓国では22年3月の大統領選と前後して日本製品の不買運動が収束した。18年に年間700万人を超えた韓国人の訪日客が戻る環境整備にもなり、「ポスト・コロナ」を見据えた日本のインバウンド戦略に資する。

元徴用工問題の解決策発表による効果は大きい。まずは喫緊の課題だった日韓GSOMIAが正常化へ動きだした。文前政権は日本の輸出管理厳格化措置に対抗して19年にいったんは協定の破棄を日本側に通告した後、米国からの圧力を受けて失効直前に通告の効力を停止した。それでも「韓国の判断次第でいつでも破棄できる」という強硬な立場をとっていた。

経済安全保障でも日韓が手を組める余地が広がる。韓国は半導体産業が輸出総額の約20％を占める。民主主義陣営の日米韓と台湾を合わせた世界の生産シェアは7割を超え、米中の覇権争いで重要視される戦略物資のサプライチェーンの象徴となっている。日本が19年に発動した輸出管理厳格化措置でターゲットにした韓国製品は半導体だった。事実上の経済制裁が結果的に戦略物資・半導体分野での結びつきの重要性を日韓双方に気づかせた。

5 シン日韓関係、素人政治家の突破力

「普通の国家関係」へ脱反日宣言

まさしく脱反日宣言だった。

2023年3月1日、韓国大統領、尹錫悦は就任後初めて、日本統治下で最大だった1919年の抗日独立運動の記念式典に臨んだ。演説で「日本は過去の軍国主義侵略者から、普遍的価値を共有し安保や経済、グローバルな課題で協力するパートナーになった」と宣言した。日韓関係を「加害者・被害者」ととらえて日本に謝罪と贖罪《しょくざい》を求めた歴代大統領と明確に一線を画し、日本を未来志向で手を取り合うパートナーと位置づけた点で歴史を転換する演説だった。国民のナショナリズムが最も高まる日にあえて、日本と協力する重要性を国民に説いた点でさらに意義を深めた。

神奈川県沖での国際観艦式に参加した韓国の補給艦（2022年11月6日）＝筆者撮影

「日本列島の頭上を北朝鮮のミサイルが飛んでいくのに、国防費を増額せずに放置することはできなかったのではないか」。２０２２年11月のロイター通信とのインタビュー発言も韓国内に波紋を広げた。防衛力を抜本的に拡充する日本への理解どころか支持を表明したように聞こえたからだ。それが現実的な認識であっても、韓国は日米韓3カ国による対北朝鮮合同訓練でさえ、革新系野党の代表から「極端な親日国防」と攻撃されてしまう国柄だけに尹の発言は極めて異例だった。

尹はひるまない。22年11月には神奈川県沖の相模湾で開催された国際観艦式に韓国海軍の艦艇を派遣し、日本の首相・岸田文雄が乗艦する護衛艦「いずも」と行き交う際に乗組員が敬礼した。取材団の1人として同艦に搭乗していた筆者もこの光景を目にした。23年2月16日にソウルのホテルで開いた天皇陛下の誕生日を祝う在韓日本大使館のレセプションで、国歌の「君が代」が初めて会場に流れたのもサプライズだった。これまでは韓国の国民感情に配慮し、双方の国歌演奏を控えてきただけに、対日重視の尹大統領時代を象徴するシーンとなった。韓国で暮らした経験をもつ日本人なら分かるだろう。国歌を演奏するという当たり前のことすらできなかったのが日韓関係だった。14年には自衛隊発足記念行事が韓国内の抗議を受けて前日に中止されるという事件すらあった。

韓国で君が代の演奏に踏みきれる環境が生まれた点に意義がある。まさに尹政権効果といえる。当日は一部の左派系市民団体などが抗議の声を上げたが、大きな広がりにはならなかった。韓国に限ったことではないが、反対派の大きな声が必ずしも世論を代表するものではない。隣国との間で当たり前のことを当たり前にできる「普通の国家関係」を築くための尹大統領の闘いが続く。

卵料理から日本のすごさを知る

尹の対日政策のブレーンである、朴喆熙国立外交院長は大統領選の時から尹を「日本を敵国のように扱った文前政権とは全く違う。過去より未来志向の関係をつくりたいと強い意志を示している」と語っていた。

尹が最も感銘を受けたという本はミルトン・フリードマンの『選択の自由』とジョン・スチュアート・ミルの『自由論』だ。自由と民主主義を信奉する。元検察総長で法治を重視する。日本と価値観がこれほど似通う韓国大統領も珍しい。尹には日本への偏見が全くない。両親がともに大学教授の家庭の長男に生まれた。幼い頃から日本のおもちゃや文房具に囲まれていた。一橋大学の客員教授として日本に国費留学した父親に会うため幼少期などの短期間、日本に滞在したことがあり、このときに出会った日本人や目にした日本の街並みは「美しい記憶」として尹の対日観の出発点となる。大人になっても検察時代に日本の検事や外務官僚と交流し、よく酒を酌み交わすなかで多くの知己を得た。

23年3月の来日前の読売新聞のインタビューでは、日本に対し「学生時代に思ったことは、先進国らしくきれいだということだ。日本の方々は正直で、(何事にも) 正確だということを多く感じた。私は日本の食べ物が好きだ。もりそばやうどん、うな重などが好きだ」とし、さらに日本のドラマ「孤独のグルメ」が「(韓国の) テレビで流れていれば必ず見る」と語っている。首相、岸田文雄は夕食会の2次会で銀座の老舗料理店で尹が忘れられない味というオムレツをふるまった。料理が特技の尹が知人に振る舞うプロ級の卵焼きも幼少期に日本で感激した味を独学で再現したものだ。こうした肌感覚が等身大の対日観を育てた。

尹政権は戦略的にも日本との関係を修復する必要性を痛感していた。尹を知る韓国の要人によると、尹は大統領選のさなかから、幼なじみである前国家安保室長（元外交通商第2次官）の金聖翰《キム・ソンハン》から「日本を敵に回すと何もできなくなる」と言われていた。日米同盟は韓国が想像する以上に堅固であり、日韓関係の悪化によって韓国の対米外交にも悪影響を及ぼすという文在寅前政権時代の教訓だった。

尹は大統領候補になるまで政治家や外交の経験がなかった、いわば政治の素人だった。政治家との付き合いなど国内政治の様々なしがらみから距離を置いてきたことが、対日外交でも旧弊を断ち切るのに役立っている。「韓国人は韓国語ができる日本人に会うと、必ずと言ってよいほど歴史問題で自国の主張をぶつけたり、そうでなければ日本側の考えを聞いてきたりするのだが、尹にはそうしたところがない。日本へのわだかまりがないからだ」。韓国に精通する日本の関係者はこのように尹を評価する。厳密に言えば、「完全な政治素人」ではないかもしれない。尹は韓国検察の中で生き抜き、最後は検察総長というトップに上り詰めて巨大組織を束ねた。尹を知る人物の話によれば、尹は現役時代にも「日々の実務は有能な部下たちに任せ、自分は新聞や書籍を読みながら国内政治や世界情勢に関心を寄せていた」「政権の意向をうかがう上司に反発して左遷させられた地方で日本の司法ルールに関する書物を取り寄せて学んでいた」「特に日本の検察庁の特別捜査部（特捜）に強い関心を持っていた」などの逸話が残っている。

「加害者と被害者の立場は千年たっても変わらない」

歴史問題をめぐり日本に強硬な姿勢をとったのは革新政権ばかりではない。日本からの解放を祝う8月15日の「光復節」演説を中心に歴代大統領の言葉を振り返ってみたい。

保守派大統領の李明博《イ・ミョンバク》は政権末期の12年の演説で、元慰安婦問題について「人類の普遍的価値と正しい歴史に反する行為」と非難し「日本の責任ある措置」を求めた。「(韓国)政府の不作為は違憲」と断じた前年の憲法裁判所の判断を受けた内容で、この演説の5日前には日韓がともに領有権を主張する島根県の竹島に上陸する禁じ手まで使った。日韓関係はこれを契機に長期にわたって低迷していく。

保守政権を継いだ朴槿恵の演説は任期中に大きく振れた。就任後初の13年は日本に対し「歴史に由来する傷を今なお抱える方の痛みを癒やせるよう責任と誠意ある措置を期待する」と元慰安婦に寄り添う立場を前面に出して日本に対応を迫った。これに先立つ「三・一独立運動」の記念式典では「加害者と被害者という歴史的な立場は千年の歴史が流れても変わらない」との有名な言葉を残した。

翌14年の光復節でも「日本の政治指導者らの知恵と決断を期待する」と姿勢は変わらなかった。だが、15年の演説から変化がみられる。当時の日本の首相、安倍晋三がこの前日に発表した戦後70年談話を「物足りない部分が少なくない」としながら「謝罪と反省が明確」と評価してみせ周囲を驚かせた。この頃、韓国政府は水面下で日本政府と慰安婦問題をめぐる交渉を進めていた。同年12月に日韓政府間で慰安婦合意が結ばれる。翌16年の演説では、日本との関係改善を進める意思を明確にし「未来志向の関係構築」を訴えた。

その後、弾劾・罷免された朴に代わって大統領に就いた革新系の文在寅の演説からは元徴用工問題が加わり日本との対立関係に逆戻りする。元慰安婦、元徴用工の両問題の解決のために「被害者の名誉回復と補償、真相究明と再発防止の約束」という原則を必ず守ると強調し、「日本の指導者の勇気ある姿勢が必要だ」と訴えた。人権弁護士出身の文の対日政策は「被害者中心主義」に代表される。韓国のあるべき理想の姿を高々と掲げるのみで妥協や決断はしない。そのあおりを受けるのは韓国の外交当局も同じだ。大統領の言葉に縛られて身動きがとれなくなる悪循環に陥り、日韓の外交折衝は前に進まなくなる（図表1－7）。

日韓関係が19年から「国交正常化以降で最悪」と呼ばれ始めると、文は「日本が対話と協

図表1-7　文在寅、朴槿恵大統領時代の主な演説

【文在寅】

2021年

元徴用工や元慰安婦をめぐる日本との歴史問題について
「**被害者中心主義**の立場で、賢明な解決策を模索する」（＝被害者中心主義にこだわる）「いつでも日本政府と向き合い、対話する準備ができている」（＝先に動くべきは日本）

2020年

「過去を直視してこそ傷を克服できる。過去を忘れることはないが、過去にとどまることもない。日本もそのような姿勢を見せてくれることを願う」（＝先に動くべきは日本）
「共に危機を克服し、未来志向の協力関係に向けて努力していこう」（＝具体策に触れず）

2019年

「**親日残滓《ざんし》の清算を進める。親日は反省すべきことであり、独立運動は礼賛されるべきだという価値を築く**」「歴史を教訓に韓国と日本が力を合わせて被害者の苦痛を実質的に癒やすとき、韓国と日本は本当の友人になる」

2018年

慰安婦問題について「**加害者である日本が『終わった』と言ってはいけない**」「不幸な歴史であるほどそれを記憶し、学ぶことが真の解決だ」

【朴槿恵】

2016年（2015年の日韓慰安婦合意後）

「互いに手を取って韓日関係の新たな時代を切り開くことを望む」

2015年

（日韓関係について）「困難は多いが、正しい歴史認識を土台に新しい未来に共に進むべき時だ」

2014年

慰安婦問題で「被害者の傷は癒やさなければならない」（＝日本政府に対応を求める）

2013年

歴史問題をめぐり「日本は積極的な変化と責任ある行動をしなければならない」「**加害者と被害者という歴史的な立場は千年の歴史が流れても変わらない**」

（出所）筆者作成

力の道に出れば喜んで手を握る」（19年）、「今も協議の扉を開いている。日本政府と向き合う準備ができている」（20年）、と表向き対話姿勢を示したが、日本の譲歩が先決との立場は最後まで変わらなかった。21年も「韓日両国が知恵を集め困難を共に克服し、隣国としてふさわしい協力の模範を示せることを期待する」と表明。「協力」の言葉が上滑りしたまま文政権は幕引きを迎えた。

「併合条約」の呪縛を解く

日韓両国の間には1910～45年までの日本の植民地支配は合法だったか不法だったかという尽きない論争がある。森万佑子・東京女子大学准教授の著書『韓国併合』（中公新書）には、当時の日本政府が国際社会から批判を受けないよう韓国との合意や正当性を無理やりにでも得ようとしたのに対し、韓国側の多くは日本の支配に合意せず、抵抗をみせた過程が再現されている。

この韓国併合をめぐり、けっして妥協点を見いだせない永遠の葛藤を今日の表舞台に引きずり出したのが、元徴用工問題をめぐる18年の韓国最高裁判決と、元慰安婦問題をめぐる21年のソウル中央地裁判決だった。いずれも36年に及ぶ日本統治は不法だったとの認識に基づいて、日本企業と日本政府にそれぞれ元徴用工や元慰安婦らへの賠償を命じた。22年に就任した尹は100年以上も昔に端を発した解釈論争を脇に置き、まずは日本との未来志向の関係を優先する重要性を繰り返し唱える。

元徴用工問題では日本に対応を要求する姿勢から脱却し、韓国政府が先に解決策を発表した。過去か未来か、感情か戦略・国益か。その選択は日本との歴史認識をめぐる悪循環を断ち切り、未来志向の新たな関係を築くために挑んだ壮大な実験といえる。「支持率がどんなに落ちてもやり抜く」とぶれない。韓国政界の〝常識〟を次々と覆す尹の姿は「自民党をぶっ壊す」と訴えた元首相の小泉純一郎とも重なる。尹政権は「日韓関係2・0バージョン」ともいえる新段階に足を踏み入れた。

左右両派が激しい権力闘争を繰り広げる韓国で複雑な国民感情を抱える対日外交を抜本的に立て直し、突破するのは容易ではない。前回の大統領選で革新系候補、李在明との得票率がわずか0・73ポイントの僅差だったことが尾を引いている。

尹政権の対日外交には少なくとも3つのハードルがある。

1つ目は、23年時点で国会議席の過半数を占める革新系野党「共に民主党」の高い壁だ。日本との懸案をめぐり日韓両政府が折り合ったとしても、立法化措置が必要な場合、野党が反対に回れば日韓合意は絵に描いた餅になる。少なくとも24年4月の総選挙（一院制の国会議員選挙）までは少数与党を強いられ、大統領と国会のねじれ現象が続く。革新勢力は、植民地支配以降、日本と手を組む「親日」＝保守系与党と、日本に屈しない「抗日」＝革新系野党という二分法のフレームをつくり、保守系与党を「親日保守既得権勢力」と呼んで攻撃する。こうした陣営論理によって国民の心理を揺さぶる。「外交の内政化」そのものである。

2つ目は、過激派で知られる左派系市民団体と労働組合の存在だ。世界でも戦闘力が高いことで知られ、保守政権下では反政権活動の一環として反日運動を率いてきた。革新勢力の抵抗は尹政権も織り込み済みとはいえ、国民を巻きこむアジテーションは大きな脅威になっている。

3つ目は日本政界、とりわけ自民党内を覆う韓国への冷ややかな空気だ。対日

労働組合による大規模なデモ
(2019年4月、ソウル)＝筆者撮影

改善路線でぶれない尹の登場によって日本でも政府内の空気はやわらぎ、韓国との「雪解け」のムードが高まってきた。両国民の間でも活発な往来が戻っている。しかし、楽観はできない。文前政権の5年間を経て「韓国には2度とだまされない」といった韓国への強烈な不信感が日本の中高齢者を中心とする保守層に根強く残る。そうした有権者の反応に敏感な永田町、特に自民党議員を中心に日韓関係の急速な修復には慎重な議員が少なくない。自民党の閣僚経験者は、政府が韓国への半導体材料など3品目の輸出管理を強化し、韓国企業が大いに慌てた19年当時、「長年の政治家人生でもこのときほど地元の支援者から『よくやった！』と大きな喝采を浴びたことはなかった」と振り返る。その感触を多くの自民党議員は忘れられないようだ。

安倍政権以降、自民党は「主張する外交」に軸足を置く。現首相の岸田も党への配慮が目立つ。歴史問題をめぐる日韓攻防の立ち位置が入れ替わった。

6　旋風起こし、去った36歳党代表

シンデレラ好きの国民性

この若者が表舞台に登場しなければ、韓国での政権交代は実現しなかったはずだ。21年6月投開票の当時、保守系野党第1党「国民の力」の代表選に出馬した36歳の男性起業家、李俊錫《イ・ジュンソク》が韓国中の話題をさらった。

同党は軍事独裁政権の流れをくむ保守派の立場から、北朝鮮への厳しい姿勢などが特徴だ。党員の7割が50代以上と、支持層は高齢者に偏り、国民やメディアから「年寄り党」「オヤジ党」というありがたくない代名詞がつけられていた。韓国社会を大きく揺るがした元大統領、朴槿恵の友人女性をめぐる大スキャンダルが決定打となって保守政党の人気は地に落ちており、当時の国内では翌22年3月投開票の大統領選挙でも革新系候補が勝利し、革新政権が続くシナリオが有力視されていた。

そこへ彗星《すいせい》のように現れたのが李だ。英才学校で知られるソウル科学高校を卒業して米

ハーバード大学に進学し、卒業後はIT（情報技術）系のベンチャー企業を立ち上げたという誰もがうらやむような秀才だ。

出生の秘密や半地下・屋根裏に住む貧しい家庭育ちからのシンデレラストーリーは韓国ドラマ「あるある」の1つだが、韓国では、政治家が頂点をめざすうえでもドラマチックな人生は武器になる。過去の大統領を振り返ると、盧武鉉《ノ・ムヒョン》は人権派弁護士として国会で全斗煥《チョン・ドゥファン》政権下の不正腐敗を糾弾した「聴聞会のスター」。李明博は苦学して大学を卒業後、現代グループの現代建設に入社し35歳で社長まで上り詰めたシンデレラボーイだった。朴槿恵は父母がいずれも暗殺された「悲劇のお嬢様」。文在寅は、朝鮮戦争で北朝鮮から逃れてきた「失郷民」を両親に持ち、民主化運動のため連行された警察署の留置場で司法試験の2次試験の合格を知ったとのエピソードが残る。

韓国で華々しい学歴や職歴は、「ヘル（地獄）朝鮮」と自らの境遇を嘆く多くの若者から反感を買いやすい。現大統領の尹錫悦は両班の家系で両親がともに大学教授の家庭に生まれ育ったお坊ちゃんタイプだが、司法試験に9回目でようやく合格した苦労人で、何よりも検察総長時代に文政権の威圧に屈しなかった反骨検事として知名度を大いに高めた。

李俊錫の場合、絵に描いたようなエリート人生を歩みドラマ性には欠ける一方で、過去に挑んだ3回の国会議員選挙にすべて落ちた「当選ゼロ」の経歴が党代表選では、逆に政治のしがらみがない「フレッシュ」という強みに変わった。党内外に旋風を巻き起こした結果、投票配分で3割を占める世論調査で他のベテラン候補を圧倒したのが決め手となり、予備選を1位通過した勢いのままゴールテープを切った。革新政党に対抗できるめぼしい人材が党内に見当たらなかった保守陣営の危機感が改革派の李を代表に押し上げた。韓国大統領選への立候補は「40歳以上」という年齢制限があるため、当時の李は27年の大統領候補に一躍、名乗りを上げたのだった。

若手がチャレンジしにくい政治

世界の政治指導者を見渡すと、近年、オーストリアやフィンランドの首相をはじめ欧州などでは30代の若さで首脳の座に就くケースが増えた。こうした世界の流れに反して、韓国政界は日本と同様に若い世代のリーダーがなかなか出てこない。若者がチャレンジしにくい点で日韓の政治文化は似ている。伝統のある保守政党のような韓国の大政党で30代の党首の誕生がいかに珍しい現象だったのかを当時のデータで振り返る。

世界の国会議員が参加する列国議会同盟（ＩＰＵ）が18年に発表した統計によると、韓国は40歳未満の議員比率が2％にすぎない。世界平均の17％は言うに及ばず、主要国で下位を争う日本の衆議院（8％）や米国議会（7％）も下回る最低水準だ。20年4月の韓国総選挙で当選した300人をみても、20代、30代は全体の4％程度だった。

歴代大統領の就任時の年齢は、金大中が72歳。それ以降の5人も、61歳で大統領に就いた尹錫悦を含めて50代後半～60代後半ばかりだ。

その理由の1つに、韓国社会は儒教文化で年功序列の風潮が色濃く残っている点が挙げられる。日本に比べても若い議員が少ないのは、日本のような2世、3世の世襲議員がほとんど存在しないことが一因だ。後の章で詳しく説明するが、「韓国は『既得権益』や『不公正』をひときわ嫌う社会で、政治家の世襲は国民から認められない」（政治学者）との事情がある。

ちなみに李が36歳で党代表に就いた当時、日本では自民党総裁で首相の菅義偉が72歳、若者に人気の高い河野太郎は58歳だった。小泉進次郎は李と同じ世代の40歳だったが、党総裁選への出馬経験はない。岸田文雄の首相就任時は64歳だった。そもそも自民党で李のような「国会議員当選ゼロ」の総裁誕生はあり得ない。総裁公選規程によって、立候補資格の1つが「党所属国会議員」と定められているからだ。

イ・ジュンソク効果

韓国の主要政党で憲政史上初の30代党首が誕生した同日に国民の力が実施した党指導部の最高委員選挙でも、大方の予想を覆して４人の当選者のうち女性が３人を占めた。日本と同様に女性の政界進出も遅れている韓国では画期的だった。党執行部の１人である青年最高委員には李よりもさらに若い31歳が選ばれた。韓国メディアが「保守政党内で非主流だった青年と女性が最大野党の指導部の軸になった」と報じたように、「オヤジ党」とからかわれた「国民の力」で世代交代が急速に進んだ。これもまた、ダイナミック・コリア現象といえる。「イ・ジュンソク効果」との言葉がメディアのあちこちで使われるようになった。それまで28万人だった国民の力の党員は李の代表就任からわずか3カ月後に41万人に急増した。増加分の半分は20～40代。オンライン加入の党員が増えたのも特徴だった。オンライン加入の党員は各種の選挙で投票する確率が高いことがわかっている。

21年９月に日本経済新聞のインタビューに応じた李は、この半年後に迫っていた大統領選について「韓国では保守政党は60代以上、民主党は40～50代の支持が堅固なので、20～30代が誰を選択するかによって帰趨が決まる」と予測していたが、実際にその通りの展開になった。政治経験のない検察出身の大統領候補と、30代の青年党首のツートップが、「古い政治」の象徴だった保守政党の救世主となり、5年ぶりとなる保守派への政権交代に導いた。

だが、李のブームは長く続かなかった。尹政権発足から2カ月もたたない22年7月8日、「国民の力」は代表の李を党員資格停止6カ月の懲戒処分にすると発表した。過去にIT企業から受けた性的接待の証拠を隠蔽するよう教唆した疑いで、党中央倫理委員会が決定した。儒教思想による道徳が重んじられる韓国でこのスキャンダルの発覚は李にとって致命的となる。8月には代表ポストを解任され、10月には党が李に対する追加の懲戒処分として6カ月の党員資格停止をさらに1年延ばした。このため李は24年1月まで党員権を行使できなくなった。

筆者は与党内での権力闘争の内幕を知り「韓国で政党の体質は変わっていない」と感じざるを得なかった。その予兆はあった。尹政権で要職に就いた保守派の知人に李の党代表就任直後、「李の政治家としての資質は?」「魅力はどこにあるのか?」「大きく化けそうか?」などと尋ねてみたことがある。返ってきた言葉は「資質なんて関係ない。大統領選へ向けて世代交代を象徴する党の『顔』に据えるのが何よりの目的だ。それがライバルの進歩（革新）政党が最も恐れることだから」。保守陣営が李に期待するのは政治家やリーダーとしての能力や指導力でなく、大統領選で若者票を取りこむための「道具」にすぎないと言っているように聞こえた。

代表に就任した李は、党の報道官を公募で選ぶなど党の人事体系を大きく変えた。大統領選直後の22年6月の統一地方選への公認資格試験の導入も提案した。これらの「改革」は党の伝統やしきたりを重んじるベテラン議員や古くからの党員には脅威に映り、李の手法をめぐる党内の路線対立が激しさを増した。ある党関係者は「李は党内の根回しをまったくせず自分のためだけに政治をしている。あいつに組織運営は無理だ」と吐きすてた。

1年余りで追放、尹の支持率も急落

李の懲戒を主導したのは、大統領の尹と幼なじみの検事出身で党の院内代表だった権性東《クォン・ソンドン》らで、視線の先には23年3月の党代表選と24年4月の総選挙があったといわれる。23年に選ばれる党代表が翌年の候補者の公認権を握るため、李がそのまま代表を務めれば党内で世代交代が一気に進んでしまうとベテラン議員や尹の側近は警戒したのだった。そうした勢力の思惑通り、党代表選では尹大統領派の金起炫《キム・ギヒョン》が勝利し、総選挙に向けて尹が党内を掌握する構図が強まった。

李の懲戒は「政権運営をめぐる主導権争いで引きずり下ろされた内紛」（韓国の政治学者）が実情だ。大統領選と統一地方選で若年層を引き付けて保守政党を勝利に導いた功労者だった30代のホープは就任後1年余りで党代表ポストから追い払われる形となった。この後、同党内では「尹核関《ユンヘックァン》」（尹大統領の核心関係者）と呼ばれる大統領側近グループが力を強めていく。辞任後の李はフェイスブックに、雨にぬれながら南西部・光州市の山中を歩く姿を投稿した。若者に人気のある党代表の追放で尹の支持率は急落した。

党の若いトップを切り捨てたのは野党も同じだ。革新系野党「共に民主党」は22年大統領選の敗北後、イメージ刷新を狙い、記者兼活動家で知名度の高い26歳の女性、朴志玹《パク・チヒョン》を党首にあたる非常対策委員長に据え、党の再建を託した。ところが、大統領選直後の統一地方選にあたり、朴が同党を含む革新系勢力の要で「86」世代と呼ばれる60年代生まれで80年代に学生生活を送った世代に勇退するよう求めた。ところが、「86」らベテラン議員や支持者が猛烈に抵抗した。その結果、統一地方選で同党が惨敗すると、朴は同年8月の代表選を待たずに辞任に追い込まれた。「韓国の古い政治は与党も野党も変わらない」。そんなため息が国内で多く漏れた。

第　2　章

イデナムの逆襲

1 7%が「帝王」を決める

韓国の「お家芸」に逆風

ソウル中心部の目抜き通りで所狭しと揺らめくのぼり旗と、とどろく大音量のシュプレヒコール。これらを見聞きすると「ああ、ソウルに戻ってきたんだな」と実感する。こうした労働組合や市民団体の「お家芸」である大規模デモやストライキが最近、国内で冷たい視線にさらされている。そこに社会構造の静かな変化が映る。

「異変」は2022年12月9日に起こった。貨物輸送のトラック運転手でつくる労組、貨物連帯が最低限の運賃保証制度の拡大などを求めて16日間続けてきたストライキを終了し職務に復帰すると決めたのだ。

「世界で最も強硬な労組」といわれる全国民主労働組合総連盟（民主労総）。その傘下の数多くの組合の中でも、とりわけ過激なことで知られる貨物連帯の自主撤退は関係者を驚かせた。保守系最大手紙・朝鮮日報は「前例なき『政府に対する完敗』」と報じた。

同年10月29日夜に発生し、日本人２人を含む１５９人が犠牲になった梨泰院《イテウォン》の雑踏事故をめぐっても、政権批判の運動は広がりを欠いた。市民団体が主導する各地の反政府集会はおおむね低調で、一般の市民がこぞって尹錫悦大統領への退陣要求の声を上げる光景はついぞみられなかった。韓国警察庁の特別捜査本部は翌23年１月13日までに、ハロウィーンで事故は予見可能だったにもかかわらず、関係機関が事故の適切な措置を怠ったことが被害を広げた原因だと結論づけ、所轄所長ら６人を逮捕して捜査を終結した。

朴槿恵政権期の旅客船セウォル号沈没事故（14年）の再現とばかりに、大統領を窮地に追いつめようとした革新系の最大野党「共に民主党」と左派系労組・市民団体の思惑は外れた。

その変化の背景に何があったのか。貨物連帯がスト中止を決めたのと同じ22年12月９日に公表された韓国ギャラップの世論調査結果がヒントになる。尹の支持率は前週比２ポイント上昇の33％（不支持率59％）だった。低支持率でありながらも、支持理由トップの「労組対応」は16ポイントも跳ね上がった。さらに１週間後の調査では尹の支持率は36％まで上昇。別の調査では40％台を回復した。

ストに加担した各業界に相次ぎ業務開始命令を出した尹の強硬姿勢は、労組に反感を持つ保守層の支持を集めた。ストによって貨物輸送が滞った影響で建設現場の工事が中断され、鉄鋼やセメント、自動車といったサプライチェーンにも混乱が生じる。労組の伝統的な運動は、経済活動や生活への悪影響を懸念する国民の理解を得られなかったのだ。実際に労組と市民団体が主導するデモによってひどい渋滞発生が起こる。電車やバスのダイヤも乱れ、時には運行自体がストップするケースもあるなど、市民生活に大きな支障が生じている。

梨泰院事故でも、政権批判と結びつけて混乱を広げる市民団体などの手法に多くの国民が疑問を抱いた。当時、世論調査での尹の不支持理由のうち「梨泰院事故の不十分な対処」は3～5％程度にすぎなかった。世論調査での尹の支持理由で、労組対応に次ぐのは「公正・正義・原則」が多かった。反政府のデモだから、労働者保護を訴えるストだから、といった理由が免罪符となり、市民に迷惑がかかっても許容される時代は韓国では終わったのかもしれない。

文前政権下で広がった格差

巨大労組の振る舞いに冷たい視線を送った中心的な層は「Z世代」と呼ばれる1990年代後半から2010年代初めに生まれた若者たちだ。22年の大統領選では、Z世代の中でも「イデナム」（韓国語で20代男性を指す呼称）が、保守、革新のライバル対決のキャスティングポートを握る存在として大いに注目された。世論調査での尹の支持率を年代別でみると、投票権を持ち始める18歳～20代は全体の平均よりは低いものの、40代などと比べると高い傾向がみられる。

韓国は年齢や世代があらゆる基準となる「年齢執着社会」（韓国メディア）といわれる。日本による植民地支配を経験し、独立後は軍事独裁、高度経済成長、民主化、通貨危機、経済先進国入りと短期間にアップダウンの激しい現代史を歩んだ国民は、どの時代をどの世代で生きたかによって価値観に違いが生まれ、政治性向にも影響を及ぼす。

ざっくり区分すると、朝鮮戦争を経験し、戦後の反共教育にどっぷりつかった60～70代以上は保守層が圧倒的に多く、支持政党は保守系与党「国民の力」に偏る。これに対し、1987年の民主化宣言以降に学校教育を受け民族意識の特に強い30～40代は革新系与党「共に民主党」の支持に集まる。50代は保革相半ばする。民主化運動の最盛期に学生時代を過ごし本来は革新志向が強い一方で軍事独裁主導の高度経済成長期の恩恵も享受した世代である。大学卒業後に民間企業に就職し日米など海外との取引に携わるうちに保守思想に転じた人も多い。

20代もひとくくりにできない。経済的価値を優先し、選挙での投票先を政党でなく、自分が関心をもった個別の社会イシューによって決める傾向が強いのが特徴である。韓国からイメージされる地域主義や政治葛藤とはほど遠い存在だ。

21年11月、保守系大手紙の中央日報に「失業・廃業・負債の三重苦で20代以下の経済苦痛指数が最悪に」との見出し記事が掲載された。韓国経済研究院が公表した「世代別体感経済苦痛指数」の調査結果で、21年上半期の20代の体感失業率は25％にのぼり、物価上昇率を合算した体感経済苦痛指数が他の世代に比べてはるかに深刻だった。

就職難の韓国では20代で起業する人が増えている。一方で、個人事業者の廃業率でもこの世代は20％と全世代の平均（12％）を大きく上回った。資産より負債が増加するスピードが20代は他の世代に比べて圧倒的に速い。世界で大ヒットした韓国ドラマ「イカゲーム」などで描かれる登場人物たちの窮状や社会格差は、ただの演出と片付けられない現実がある。

韓国は1人の女性が生涯に生む子どもの推定数である合計特殊出生率が0・78（22年）と世界最低水準で、首都ソウルにいたっては0・59まで落ち込んでいる。少子化の原因は多岐にわたるが、ソウルで若い人たちに実際に聞いてみると「経済格差」を挙げる人が多い。

統計庁の資料に基づく韓国紙ハンギョレの分析によると、年間所得の上位10％の世帯が1年間に稼ぐお金は日本円で約2000万円（21年基準）。その一方で所得下位10％世帯の場合は同94万円にすぎない。その所得格差は約21倍に達する。住宅価格の高騰によって保有資産の格差も約12・5倍（22年3月末）に開いた。公的年金未加入者が多い高齢者貧困世帯と公的年金をもらえる中間層世帯に分かれるため、こうした格差はさらに広がる可能性が高い。

革新政権に失望したイデナム

17年大統領選で20代の多くは革新政党「共に民主党」候補の文在寅を支持した。しかし、その期待に反して文政権下でも正規雇用はほとんど生みだされず、非正規雇用の増加によって経済格差はむしろ拡大した。自分たちが生活に苦しんでいるにもかかわらず、政権内で文を支える50代中心の「86」世代は政権を奪い取ったとたんに自らの資産を肥やすようになり、若者からみれば保守政党と同様に特権階級に安住する守旧派に映った。文政権も後期になると、イデナムは文政権の女性優遇政策によって逆差別を受けているとの被害者意識を強め、文大統領や与党を支持する立場からどんどん離れていった。

22年大統領選の前哨戦となった21年4月のソウル、釜山ダブル市長選では、いずれも革新系与党候補が大敗を喫した。それまで韓国社会で革新派の応援団とみなされてきたMZ世代（1980～1990年代生まれのミレニアル世代とZ世代の総称）の反乱だった。地上波テレビ3社の出口調査によると、ソウル市長選では18歳~20代男性の7割以上が保守系の最大野党「国民の力」の候補に投票した。

文政権末期の世論調査では、18歳~20代の大統領支持率は全体より10ポイント程度低い20%台後半にとどまった。文政権誕生直後が90%前後だったことを考えると隔世の感があった。世論調査機関のリアルメーターは「20代男性（=イデナム）は文政権の核心支持層から核心不支持層へと変わった」と分析した。

イデナムは男女平等意識が他の世代より高い。女性や宗教的マイノリティーへの兵役免除も、義務を果たさなければならない側からは不公平に感じる。イデナムは、保守性向の強い60代以上の高齢層に匹敵する「反文在寅」の急先鋒《せんぽう》に姿を変え、革新派から保守派への政権交代を導いた。

世界最速で少子化が進む韓国で20代が総人口に占める比率は13%程度で、イデナムに限れば7%に過ぎない。しかし、IT先進国に生きる韓国の若者は、ソーシャルメディアを積極的に活用することで世論に訴える。「静」から「動」へ一気に転換する爆発力が社会を大きく動かす原動力となるのだ。

韓国大統領は国家元首であり「帝王的」と呼ばれるほどの絶大な権限を握るため、政権交代のたびに社会全体が大きく塗り替えられる。北朝鮮との南北関係や外交もその渦にのみ込まれ、司法やメディアにまで影響が及ぶ。これが韓国の特徴であるダイナミックな活力の源になる一方で、日韓関係なども揺さぶってきた。日韓関係は韓国内政の〝被害者〟と言えなくもない。

イデナムは街頭集会や大型選挙でもパワーを発揮し、国家元首の命運まで左右する存在になっている。ただ、イデナムの多くが市民団体や労組に批判的だからといって、イデナムが保守政党の支持に回ったのかといえば、それほど単純な話ではない。20代の最大の支持政党は「支持政党なし」である。支持政党を聞いた各種世論調査で、20代で「無党派」と答えた割合はおおむね4割かそれ以上。その時々の社会情勢やイシューによって支持政党を決める。

日韓20代、投票率に25ポイントの差

「政治はどうせ変わらない」とあきらめたり、さじを投げたりしないのも韓国の若者だ。日本の17年10月の衆院選と、20年4月の韓国総選挙でのそれぞれ20代の投票率を比べると、日本の33％に対し、韓国は58％で実に25ポイントもの開きがある。

大統領制をとる国家では本来、国会議員選挙は有権者の関心が薄く投票率も低くなりがち

だ。政治好きな韓国でも投票率が低下し「若者の政治離れ」がささやかれていた時期もあったが、近年は「社会への若者の反感、怒り、不満が投票率を押し上げている」(世論調査の専門家)。かたや日本では、20代と60代の投票率に約40ポイントの差が生じ、大きな課題になっている。政治におかしなところがあればそれを正面からただす韓国に日本も見習うべき点がある。

保守派対革新派のイデオロギー対立が根深い韓国社会で、近年の大型選挙ではイデナムをはじめ若年層がキャスティングボートを握るようになっている。一方で韓国の若者は概して時の政権に批判的だ。尹の支持率は伸び悩み、多くの国民から向けられる視線は厳しい。気まぐれなZ世代のハートに尹政権は引き続き目を凝らさざるを得ない。

2　排撃されたネロナムブル

ミルク姫と「気楽に生きよう」

若い人々の間で流行する言葉は世相を映す鏡だ。とりわけ韓国の若者はキャッチーなフレーズを生みだすのが実にうまいと感心させられる。文在寅大統領時代に生まれた流行語をたどると、保守派から革新派、そしてまた保守派への政権交代を主導した10代、20代の切実な心情が浮かび上がる。

当時はやった言葉の1つに「イセンマン」がある。「自分の今回の人生はすでに終わった」と訳され、自らの置かれたいたたまれない境遇を嘆く場合に使う。もう1つの「ポクセピョンサル」は「複雑な世の中を気楽に生きよう」と自らに言い聞かせる言葉だ。ともに複数の言葉の頭文字をつなげた造語で、超競争社会で閉塞感を強める若者の厭世《えんせい》観や開き直りの気持ちが端的に伝わってくる。

やや古いところでは「金のさじ、銀のさじ、土（泥）のさじ」。韓国には親の資産や年収によって人物をランク付けする「スプーン階級」論がある。血縁や地縁、学閥といった人間関係とコネが幅を利かす人脈社会では、実力だけで勝ち残るのは難しい。

特権階級層になればたとえ不正を働いてもカネの力で処罰を免れるという「有銭無罪・無銭有罪」という言葉も流布している。韓国は財閥・大企業の創業家一族の不祥事・スキャンダルがよく話題になる。2014年の「ナッツリターン事件」で有名になった大韓航空を中核とする韓進グループの「ナッツ姫」と「水かけ姫」姉妹に続き、19年には大手乳業メーカー創業者の孫娘「ミルク姫」が麻薬使用の疑いで逮捕された。そこで明らかになった財閥令嬢のぜいたくな暮らしぶりや傍若無人な振る舞いが、一般市民の神経を逆なでし、日頃の「有銭無罪・無銭有罪」に不満を募らせる一般市民による異様ともいえるバッシングにつながった。

出生率「0・78ショック」

韓国のテレビ局に勤める知り合いの女性記者が東京に赴任して最初に驚いたのが、自宅のあるマンションで親に連れられた幼い子どもをよく見かけることだった。韓国ではほとんどあり得なかった光景だからだ。韓国の超少子化を日本で実感したという。

韓国の未来に目を向けると不安は尽きない。22年の合計特殊出生率（1人の女性が生涯に生む子供の数、暫定値）は0・78と前年からさらに低下し、OECD加盟国で最下位となった。世界でも最低水準だ。朝鮮戦争後にベビーブームを経験し、日本に約20年遅れて10年代後半から生産年齢人口（15～64歳）が減っている。韓国の人口減は急激で、今後は同時期の日本よりも深刻な生産年齢人口の減少が見込まれる。

第1次ベビーブーマーの子どもにあたる第2次ベビーブーマーは現在30代。出産可能年齢をまもなく過ぎようとしている段階だ。この段階で少子化に対する手を打たなければ、韓国で人口が急速に減少するのは避けられないだろう。

超少子化の背景には、急速な晩婚・非婚化がある。なぜ韓国の若者は出産をあきらめるようになったのか。40代の男性は「そもそも結婚できないからだ」と話す。子どもの教育費と住宅費をどう賄うかといった将来の不安が先に立つ。例えば2人の子どもを抱える家庭の場合、塾やお稽古事などによって月に平均300万〜400万ウォン（約30万〜40万円）が吹き飛ぶという。さらに韓国は持ち家信仰が強い。家を借りるにしても、チョンセ（借主が毎月の家賃の代わりにまとまった金額を大家に預ける韓国独特の賃貸制度）が3億〜5億ウォン程度かかる。男子には兵役もあるので、それだけのお金をすぐにはためられない。そうこうしているうちに婚期が過ぎてしまう——。こんな話だった。

その結果、恋愛、結婚、出産から人間関係（就職）やマイホームも断念し、果ては夢や希望すら持てない。そんな放棄するモノの数（N）がどんどん増えていく「N放世代」の若者が、この世を嘆いて「イセンマン！」と叫ぶ。それでも「イセンマン」に耐えつつ、「ヘル（地獄）朝鮮」と自嘲する社会を生きていかなくてはならない。とかく暮らしにくい社会では、もはやルールや家族のしきたりに縛られず、個人の生き方を大事にしよう。あれこれ悩まず、現状に満足して心穏やかに生きていこうと考える。その結果、「ポクセピョンサル」の境地に達するのだという。

文政権下でマンション価格が約2倍に高騰

教育費とともに韓国人を悩ませるのが「家」の問題だ。政府の住宅対策は若年層の間で雇用政策と並んで不満が強い。格差是正を掲げて当選した文前政権下の5年の間にソウルのマンション価格はおよそ2倍に高騰した。ソウル市内だと築30〜40年の古びたマンションでも、開発予定地ならファミリータイプで、日本円で2億円、3億円する物件も珍しくない。親の援助を得られない若者にはソウルでのマイホームは夢のまた夢。「国の豊かさを示す指標」で韓国が日本を逆転したと話題になった国民1人当たりGDPには不動産価格が含まれていない。

韓国人のマイホームへの執着・憧れは日本人以上だと感じる。米アカデミー賞4冠に輝いた韓国映画「パラサイト」も、韓国社会の格差のモチーフとして家が使われている。名優ソン・ガンホ演じる父親が半地下にある自宅の窓から外を「見上げる」表情は何とも寂しげだ。

ソウル勤務が決まった日本人駐在員が最初にぶつかる壁は賃料が驚くほど高いマンション

韓国の半地下住宅（ソウル）

選びだが、それでも多くの場合は限られた年数であり、勤務先の補助も受けられるだろう。より切実なのは、ついのすみかを探す国民だ。富裕層あるいは、親などの援助を受けられなければ若いうちのソウルでのマイホームは夢物語だ。多くは賃貸で家を借りるが、そのハードルも年々、高まっている。近年は2年程度の契約満了に合わせて保証金や家賃の大幅アップを求める家主が多いからだ。知り合いの韓国人公務員は、東京勤務を終え韓国に帰国することになり、かつて住んでいたソウルのマンションにまた戻ろうとしたが、保証金が2億ウォン（約2000万円）以上も跳ね上がっていたため断念し、結局、ソウル近郊の京畿道に居を構えた。

ソウル中心部に建つ市庁の旧庁舎の壁面に、青色で書かれた「家」を表すハングルがひっくり返った垂れ幕がかかっているのを目にしたことがある。ソウルの住宅難を自虐的に表現したのだろうが、韓国人には笑えない話である。

「イン・ソウル」から「起承転鶏」へ

ソウル市内にある大学を意味する「イン・ソウル」もいびつな首都ソウルへの一極集中を表す言葉だ。大企業の本社がソウルに集中し、就職でも有利に働くとして、全国の高校生が競って「イン・ソウル」をめざす。地方にある大学との格差がどんどん広がり、地方大学の競争力低下や定員割れが深刻な問題になっている。

受験戦争と就職戦線をくぐり抜け大企業に入社しても、社内競争がとりわけ厳しい韓国は40代でも肩たたきにあう。再就職を諦めて脱サラをする人も多い。最後に一花咲かせようとチキン（鶏）店やコーヒーショップなどの経営に挑む人生を「起承転結」ならぬ「起承転鶏」と呼ぶ。「武士の商法」による失敗は古今東西を問わない。同じような境遇の人が同じような店を相次ぎ立ち上げるので、街中に似たような小規模店がひしめき合う。短期間での廃業率が高いのも韓国の特徴だ。

「イン・ソウル」に象徴されるように政治、経済、文化、情報などあらゆる面で首都ソウルへの一極集中が進むため、何としてでもソウルにしがみつこうと多くの若者はもがく。韓国には劣悪な住まいを表す「地屋考《チオクコ》」という言葉がある。映画「パラサイト」で描かれた半地下（地下室）、韓国ドラマでもおなじみの屋上部屋、もとは受験生向けでベッド、机、シャワー室といった必要最低限の設備だけの考試院の3つの頭文字をつなぎ合わせた造語だ。ソウルには「地屋考」をさらに下回る最底辺の住宅街「チョッパン」（低所得者層の木造賃貸住宅）もある。ソウルの最底辺住宅街「チョッパン」を舞台に富裕層オーナー一族が貧困者からカネをむしり取る貧困ビジネスの実態については『搾取都市、ソウル』（イ・ヘミ著・伊東順子訳、筑摩書房）に詳しい。

一方で、文政権下で大統領府や政府の高官、革新系与党議員が複数の住宅を所有して資産を増やしていたほか、韓国土地住宅公社の職員らが新都市開発予定地の発表前に土地を購入していた問題も発覚した。国民感情を激しく逆なでしたのは言うまでもない。

世代間格差が顕著に

韓国は伝統的な地域間対立やイデオロギー対立に近年は世代間対立が加わっている。「持たざる」世代の若者の怒りは50代を中心とする「86」世代のネロナムブルに向かう。

「ネ（自分）ロ（ロマンス）ナム（他人）ブル（不倫）」は文在寅政権下ですっかり定着した。直訳すると、同じ浮気でも他人がすると厳しいが、自分には甘いという利己的な人間。言い換えると、自分を正当化し他人を厳しく批判する人をあざける言葉だ。保守政権の不正・腐敗を徹底的に糾弾しておきながら、政権に就くと同じ失敗を犯した文政権の体質を表す言葉として広く使われた。

17年大統領選で、文は過去に①兵役逃れ、②不動産投機、③脱税、④偽装転入、⑤論文盗用——の5点の1つでも不正にかかわった人物は新政権の人選から排除すると公約した。しかし、当選後に自らが指名した首相・閣僚候補の多くが公約に抵触していると分かると、基準をあっさり見直した。こうした話題が出るたびに「江南《カンナム》左派」という言葉が登場する。考え方は左派でも、高学歴・高所得者層で生活のレベルは人気エリアの江南住民に劣らないほど豊かな人々を指す。米国の「リムジン・リベラル」やイギリスの「シャンパン社会主義者」と似ている。

23年2月3日、韓国のソウル中央地裁は文前政権の元法相、曺国《チョ・グク》に懲役2年の判決を言い渡した。曺国事件こそが韓国の若者が文政権に失望したネロナムブルの象徴だ。ソウル大学大学院を修了後、米国留学を経てソウル大学教授に就任した華々しい経歴をもち、その端正なルックスと相まって、一時は革新層の間で「ポスト文」の大統領候補にも名前が挙がった。皮をいくらむいても疑惑が次々と取り沙汰されるとして、日本でも「タマネギ男」と皮肉られたが、入試をめぐる不公正にとりわけ厳しい目が注がれる韓国で、曺が自分の娘の大学院不正入学にかかわっていた問題は文政権からの若者離れを招く決定的な材料となった。

韓国の若者は総じてナイーブで公正にこだわる。リアリストである半面、国際的な人権問題にも敏感だ。慰安婦問題だけでなく、香港や、軍事クーデターが起きたミャンマーの人権問題でも国内で抗議活動を繰り広げた。文政権の多くの高官にみられたネロナムブル現象に「文さん、あなたもか」と失望と反発が高まった。保守政権から公正な社会を取り戻そうと訴えて大統領に当選した文は当初90％にも上った20代の支持を急速に失っていった。

3　ジェンダー葛藤「女性にも兵役を！」

『82年生まれ、キム・ジヨン』の現実

韓国に初めて赴任した2004～07年頃には、同国で長く続いた男性優位社会がまだあち

こちに残っていた。個人的な印象ではあるが、パワフルな韓国男性と、物憂げな表情の女性が多いと感じたものだ。ソウルで歓迎会を開いてくれたある韓国大手紙の男性記者が2次会に後輩の女性記者を電話で呼び出した。夜遅い時間だったにもかかわらずすぐに駆けつけてくれた若い女性記者は、先輩記者に促されるまま私たちと同じ量の爆弾酒（ウイスキーをビールで割った酒）をあおった。日本ではあり得ない光景であり、その女性記者に申し訳ない気持ちだった。

韓国社会で女性が負う重圧や生きづらさを描いた『82年生まれ、キム・ジヨン』が出版され、韓国で大ヒットしたのは、それからおよそ10年後の２０１６年だ。その後、ソウルで本の主人公とは１歳違いの１９８３年生まれのキム・ジヨンさんと仕事で一緒になったことがある。韓国のジェンダー差別について、彼女は「本に書かれていることのすべてに共感しました」と語っていた。２０１６年から17年にかけて当時の大統領、朴槿恵の友人女性による国政介入事件で韓国政界が大きく揺れていた際は、「子どものためにも世の中を変えなければ、と考えるといてもたってもいられなくなった」といい、幼い子どもを夫に任せて毎週末にソウル中心部で繰り広げられていた「ろうそく集会」に駆けつけたという。政権の不正を自らの手でただそうとする意識の高さと行動力を目の当たりにした。

最近、知り合いの韓国人女性記者にあらためて尋ねてみた。「男女差別は改善されましたか?」と聞くと、「今も韓国にはたくさん残っています。給与格差もそうだし、いったん仕事を辞めた後の再就職も女性の場合は至難の業です」とのことだった。

それでも韓国人のジェンダー意識は大きく変わろうとしている。15~18年の2度目の韓国駐在時にそう感じた。一言で表すと「強く、たくましくなった女性」と「優しく、おとなしくなった男性」。前回は街でもよく見かけた、髪を刈りあげ、肉体も鍛えられた、いわゆるモムチャン(マッチョ)タイプのいかつい若者の姿はめっきり少なくなった。代わりに増えたのが、マッシュルームカットにおしゃれなファッションで身をまとい、語り口までソフトな草食系男子だ。若い男女カップルの楽しげな会話や振る舞いをみても、元気な女性が男性をリードしている姿が少なくともソウルでは当たり前の光景になった。

韓国で女性の職場進出が進んだことに加え、「#MeToo」運動の広がりもあって社会における女性の発言力と存在感が確実に強まっている。17年に大統領に就任した文在寅が「フェミニスト大統領」を掲げ、閣僚ポストへの女性の積極登用など女性優遇政策を次々と打ちだしたことが影響した。中央省庁で働く国家公務員やメディア業界にも女性の姿が驚くほど増えた。テレビで報道番組をみると、政界の要人を囲んでいる記者がほとんど女性という映像に出くわすことが珍しくない。

韓国は女性の人権意識も強まっている。一例として、韓国政府で管理職にあった友人から聞いた話を紹介する。彼は「職場にこれだけ女性が多いと時には海外出張などにも女性の部下と一緒に行かざるを得ないが、打ち合わせで部屋は決して使わず、廊下で済ます。2人で話をするときも、できるだけ相手の目から視線を外さないように気を付けている」と苦笑した。

「逆差別」と訴える草食系男子

韓国ではなお男女間の不平等が様々な分野で残っていると若い女性は感じている。しかし彼女らはもはや黙っていない。米国発祥の「#Me Too」運動が韓国にも飛び火し、女性によるセクハラ告発が次々となされるようになった。韓国内の空気を大きく変える契機となったのは、16年5月にソウルの繁華街で20代の女性が面識のない男性に殺害された「江南駅殺人事件」だった。

それまで男性優位社会で女性がため込んでいた不満が一気に吐き出された。フェミニスト大統領を自任する文在寅が17年5月に大統領に就任すると、ジェンダー平等を求める動きやフェミニズム運動が各地で勢いづいた。

若い男性の間では次第に、女性の方が優遇されているとの「逆差別」の意識が強まった。男女間の亀裂が深まり、女性政策に熱心な文に男性の鋭い矛先が向けられるようになった。以下は日本経済新聞ソウル支局発の記事（19年1月26日）の抜粋だ。

①名門私大の西江大学で18年に起きた事件のことだ。ある男子学生が同じクラスメートの女子学生に「うちの女子はみなかわいいよね」と発言したことが問題になり、学生による「対策委員会」が設置された。同委は「言葉による性暴力事件」と認定。昨年末に男子学生に学内活動の制限を勧告した。さすがに「厳しすぎる」との声が上がり、同委も勧告を見直したが、女性が不快に思う言動をとれば社会的な制裁は免れない。事件はそんな韓国社会のいまを象徴する。

②昨年（18年）12月にはスピードスケート女子ショートトラックの平昌冬季五輪の金メダリスト、沈錫希《シム・ソッキ》選手が男性コーチから性暴力を受けていたと警察に告発し、韓国社会に衝撃が走った。女性を暴力から守る法整備が進み、「女性暴力防止基本法」が成立した。セクハラやストーカー行為など、これまでは法的根拠がなく処罰が難しかった行為を「女性暴力被害」と規定し取り締まれるようにする趣旨だ。だが、こうした動きをイデナムは「逆差別」と受け止める。「#Ｍｅ Ｔｏｏ」で告発されたのは自分たちより年配の世代だ。いまの20代は

「男女平等」の価値観で生まれ育った世代。むしろ成績優秀な女性が就職でも優位に立つので「女性＝弱者」という発想はない。それなのに女性ばかりが守られていると感じるのだ。

「退役後に何も役立たない」

男性に課せられる兵役義務も、若い男性には男女不平等の象徴に映る。文在寅前政権は在任中に数々の女性優遇政策によって「イデニョ」（韓国語で20代女性を指す呼称）の支持をつなぎ留めたのに対し、イデナムは「男性への逆差別の象徴だ」と兵役制度にも不満をぶつけるようになった。

徴兵制がある韓国では男性は18歳以降の2年近くを軍隊で過ごさなければならない。兵役が免除される条件はごく限られている。身体や家庭上の理由のほか、五輪メダリストやアジア大会優勝など国際大会で顕著な成績を収めた選手は約4週間の基礎訓練だけで兵役が免除される。それ以外はたとえ人気絶頂のアイドルでも、スポーツ界のスーパースターでも兵役に就かなければいけないのだ。

軍隊では国を守る気概に加え、集団生活の中で規律や礼儀を覚える。その一方で、2年近く家族や友人、恋人らから離れざるを得ず、青春真っ盛りの時期の日常生活に空白が生じる。40代のある男性は「最も知識を吸収しやすい20代前半の貴重な時間を無駄にするのが何よりもつらい。軍隊で覚えることは究極的には人をいかに殺すかであり、退役後の生活に何の役にも立たない」と話す。多くの若者は「北朝鮮の存在を考えると兵役は仕方ない」と話しつつ「できるものなら絶対に行きたくない」と口をそろえる。

かつては兵役の経験が退役後の公務員採用試験などに有利に働く「加算制度」があったが、「性別による差別につながる」との趣旨で違憲判決を受け廃止された。自分たちが社会から隔離され兵役に服している間に勉強して優良企業に就職する女性に対し、不平等感を募らせる韓国男性の憂鬱は日本人にはわからない。韓国男性の間で加算制度の復活を求める声は強い。

若者が望む兵役期間の短縮は国政選挙の度に多くの候補者の公約に掲げられる。「軍ポピュリズム」と呼ばれるものだ。筆者が韓国で取材した17年大統領選でも革新系候補の文在寅が兵役期間について「最終的には1年程度とすることもできる」と訴えた。文の大統領就任後、陸軍と海兵隊は21カ月から18カ月に、海軍は23カ月から20カ月に、空軍は24カ月から22カ月にそれぞれ21年までに段階的に短縮すると決まった。これも時代の流れだが、朝鮮戦争（1950〜53年）がいまだ休戦状態である以上、韓国で兵役の撤廃は考えられない。

ＢＴＳメンバーの兵役従事も「当然だ」

韓国で市民の神経を最も逆なでするのは、権力者による子どもの不正入学と徴兵忌避だ。家庭ごとの収入の多寡によって受けられる教育にも格差が大きくなるなかで、兵役は誰にでも公正、平等に課せられる最後の砦《とりで》という意識が市民の間に強い。このため過去に、子息が徴兵を逃れていた事実が発覚し、致命的なダメージを負った大統領候補や閣僚候補は多い。

韓国は日本を上回る世界最速スピードで少子化が進み、軍隊を担う若者の数も減る一方だ。特例措置の拡大は国民から「不公正」という批判を招くもろ刃の剣である。世界で活躍するKポップグループのＢＴＳ（防弾少年団）のメンバーに関しては、最年長メンバーの年齢を考慮して20年に兵役法が改正され、それまで28歳だった入隊期限を30歳に2年延長した。国会では野党議員から「兵役免除の対象に加えるべきだ」との意見も出たが、世論の理解を得られないまま関連法案は成立せず、結局、最年長メンバーのＪＩＮさんは22年12月に入隊した。世界的なトップスターといえども、兵役の特別扱いには極めて高いハードルがある。

ＪＩＮさんの入隊時に、知り合いの韓国人に感想を求めた。40代の彼は「当然ですよ。兵役免除なんてあり得ない。ＢＴＳに例外を認めれば、あらゆる分野に対象を広げないといけなくなる」と話した。国際大会で優秀な成績を収めた選手が兵役を免れる現在の仕組みについても「スポーツが国威発揚に大きく役立った時代の特例措置は役割を終えた」との指摘も出ている。

韓国人同士の夜の宴席では話題がなくなると、ほぼきまって兵役の話題になり、いつ、どの部隊に所属していたかで盛り上がる。その話題の間、兵役に就かなかった人は静かに黙っていなければならず居づらい思いをするという。ＢＴＳの場合も兵役免除の是非は周囲が騒いでいただけであって、メンバー自身はその論争を嫌がっていたと聞いた。兵役をめぐる国民情緒をよくわかっているからだろう。

イデナム取り込み戦術が的中

韓国紙の韓国日報が21年に発表した世論調査結果によると、20代男性の79％が「男性は深刻な差別を受けている」と回答した。彼らイデナムが抱える悩みは広く深い。苛烈な受験戦争や就職難はいっこうに改善されず、不動産価格の高騰をはじめ若者をとりまく生活環境は悪化するばかりだ。そこに新型コロナウイルス禍が追い打ちをかけた。

イデナムの不満が最初に爆発したのが、21年４月のソウル、釜山両市長のダブル補選だった。当時の革新系与党「共に民主党」は「公正」「正義」を訴えながらも不動産のインサイダー投機疑惑や子女の不正入学問題で激しく揺れていた。イデナムの多くは革新政党に見切りをつけて保守系野党候補の支持に回り、その結果、共に民主党は大敗を喫した。

その2カ月後の6月、保守系野党「国民の力」の代表選で国会議員経験のない36歳の李俊錫を当選まで押し上げたのもイデナムだった。李は男女による機会の均等を訴え、党内選挙で女性候補に加算点をつけて優遇する「クオータ制」の廃止を訴えた。こうした主張に若い男性が共鳴したのだ。

翌22年の大統領選で、保守系候補の尹錫悦は「女性家族省廃止」を公約に掲げた。女性家族省は、金大中政権時代の01年に発足した女性省が前身だ。ただ、あらゆる業務が他の省庁と重複していて役割と権限があいまいなうえ、出生率が世界最低の少子化対策でも成果をあげられていないとの批判が絶えない。

大統領選では尹候補と、女性優遇政策を掲げた文を継ぐ李在明候補との間で20代の男女の票が割れた。地上波テレビ3社が合同で実施した出口調査で、20代男性の58・7%、30代男性も52・8%が尹に投票した。20~30代女性は李への投票が尹を上回ったものの男性ほど結集しなかった。わずか0・73ポイントの僅差だった大統領選で結果的にイデナム票が勝敗を決める形となった。男性票の獲得に照準を定めた尹陣営の戦術が的中したのだった。

30～40代女性に「文在寅ロス」

韓国の30～40代女性の間で「文在寅ロス」が生じているとの興味深い話を聞いた。10代、20代はその時々のイシューによって支持する政党や候補者が変わる政治志向がニュートラルな世代として知られるが、30代、40代の特に女性は文の中核的なサポーターだった。文は「私はフェミニスト大統領になる」と宣言し、雇用における男女差別の解消やジェンダー暴力の根絶などを公約に掲げた。就任後、女性家族省の組織と予算を強化するなど女性政策に力を入れた文政権の取り組みは「Kフェミニズム」と呼ばれた。これに対し、若い男性は「文政権は女性だけを優遇している」と不満を募らせ文の支持をやめ、それが保守派への政権交代につながったことはすでに述べた。

韓国ギャラップの世論調査によると、23年5月第1～第4週の大統領、尹錫悦の平均支持率は35％。性別の内訳では男性36％、女性34％とほとんど変わらないが、女性の支持率を年代別でみると、18～29歳が13％（不支持率72％）、30代が23％（同71％）、40代が21％（同71％）と40代までの尹の不人気ぶりが際だっている。

若い女性ウケがすこぶる悪い理由は尹が与えるイメージにもある。就任以降の一連の言動は、日本人には反日の既成概念をぶち壊す「韓国で待ち望んだ大統領」という頼もしい存在に映っても、韓国内の多くの女性が尹に抱く印象は平たく言うと「おじさん臭と親分臭がきつくて生理的に受け付けない」というものらしい。親分肌は検事総長を務めた尹のキャラクターを端的に表現するワーディングだが、韓国社会を長く支配してきた男尊女卑の風潮や厳しい上下関係に苦しんできた女性たちには、検察一筋の社会人人生を歩んだ尹の姿に「古い韓国」を思いだすのだという。例えば、椅子に座って足を広げながら話す格好が下品だとか、会合を終えて車に乗り込もうとする尹に対し、参加者がずらっと列をなして頭を下げて見送る姿がまるでヤクザの親分と子分のようだとか、その振る舞い一つ一つが批判の対象になる。

17年の大統領選で、この世代の女性がまとまって大きな役割を果たした形跡はない。そこが20代男性「イデナム」と違う点だが、それを今になって後悔しているのだという。だからといって、彼女らが今度は革新系の最大野党「共に民主党」に投票するとは限らない。これまでに見てきたように共に民主党も若い世代から既成政党の枠組みでとらえられていて、ブームを起こせていないからだ。

尹政権の正念場となる24年の総選挙に向けて、30代と40代の女性には大きく3つの投票行動のパターンが考えられる。1つ目は政治に失望して投票所に足を運ばない、2つ目はジェンダー問題などに特化した小政党の候補者に投票する、そして3つ目は共に民主党も好きでないとしても、尹政権を勝たせないことを優先し共に民主党候補に投票する——というものだ。彼女らの行動によって選挙結果を左右しうる。22年大統領選の復讐劇は起こりうるのか。27年大統領選に至るまで20代だけでなく30代、40代女性票の動向からも目が離せない。

4　縁故社会はエスカレーター嫌い

韓国に世襲議員がいないワケ

①世襲議員、②老舗、③エスカレーター式——。これら3つに共通するものは何か。答えは、日本に多いが韓国にはない、あるいは、ほとんどないものだ。

2000年代以降に就任した日本の首相10人のうち、小泉純一郎、安倍晋三、福田康夫、麻生太郎、鳩山由紀夫、岸田文雄の6人が祖父や父、または祖父と父の両方が元国会議員という家系だ。小泉と福田は息子も国会議員になっている。

21年10月の衆院選挙への不出馬を決めた自民党の元官房長官、塩崎恭久と元厚生労働相、川崎二郎は、筆者が宏池会（当時は宮沢派）を担当していた政治記者の駆け出しの頃から取材を重ねた思い入れのある政治家だ。それぞれ父と祖父の代からの世襲議員だった。自民党は2人の後任候補としていずれも長男を選び、ともに当選した。

自民党は特に2世、3世の世襲議員が多く、小選挙区で当選した議員の3割を超える。同党が大敗した09年衆院選で自民党全体の勝率は38％だったが、世襲候補に絞ると52％に跳ね上がる。代々続く地盤の底堅さを物語る。日本経済新聞の調べでは、22年の参院選に立候補した自民党公認候補のうち2割程度を世襲候補が占めている。世界的にみても異例だ。例えば米国の場合は下院議員、上院議員の世襲議員の割合はそれぞれ5％程度だという。

議員になるには党内手続きを経て国民の審判を受けなければならない。それは世襲候補も同じだ。それでも「地盤」（後援会や支持団体などの組織）、「看板」（知名度）、「かばん」（資金力）の「3バン」を先代から引き継げるため、選挙に有利に働くのは間違いない。

国会議員を長く務め、政府や政党の役職に就くほど選挙区での知名度が高まる。世襲候補は新人でも家名という看板を引き継いでいる例が多い。新人候補の当選率は非世襲で1割ほどだが、世襲は6割に達する。

日本は選挙区を訪れると、「ウチは代々〇〇（＝政治家の名字）で決まっている」という支持者が少なくない。その土地で慣れ親しんだ名前に安心感を覚えるのだろう。これを韓国人に話すと目を丸くする。苛烈な競争社会に生きる隣国の国民にとって、代々にわたる政治家の世襲は嫌悪の対象である「既得権益」にほかならないからだ。苦労せずに組織、知名度、カネのすべてを親から譲り受けて上流階級にたどりつけるのは「韓国では情緒的に受け入れられない」と韓国人は口をそろえる。

大企業は「家族主義」

一方で、同じ韓国でも、サムスンやLG、現代自動車、SKなどの巨大財閥は創業家一族による世襲経営が多いのはなぜか。それは、儒教文化の影響で血縁中心の家族主義と親族、集団を重視する伝統が引き継がれてきた要因が大きい。韓国企業は血縁を大事にし、大企業から中小企業までファミリービジネスが多い。

世襲経営は大胆でスピーディーな意思決定が可能なため韓国企業のグローバル化をけん引してきた半面、弊害も少なくない。歴代政権と財閥による長きにわたる「政経癒着」の関係は拙著『韓国の憂鬱』（2017年、日経プレミアシリーズ）で詳しく解説している。不透明な支配構造や、会社のカネと人材を私物のように扱う「公私混同」によって家族経営体制への風当たりも強まっている。財閥会長の娘がグループ航空会社の飛行機で海外ブランド品などを密輸していた事件が起きたり、財閥オーナーが、背任や脱税で有罪になったりするなどの経済事件で断罪されるケースは珍しくない。

経営の世襲にあたっては、その資産や事業の承継をめぐる骨肉の争いもよくみられる。独裁や、トップへの権力集中文化が根付く朝鮮半島では特に「王子の乱」とよばれる。有力財閥・現代グループを例にみてみよう。創業者、鄭周永《チョン・ジュヨン》は2000年、自身の後継者に五男を指名した。跡目争いに敗れた次男（長男はすでに他界）は、この決定に激しく反発。自らの手で発展させた現代自動車と起亜自動車などを率いて独立した。続いて三男と六男も現代グループを離れた。後を継いだ五男は父が心血を注いだ対北朝鮮事業を受け継ぐなかで、北朝鮮への5億ドルの不正送金疑惑が持ち上がる。連日にわたり検察による過酷な取り調べを受けていたある日、12階の執務室から飛び降り、命を落とす。「王子の乱」の悲劇的な結末だった。

「王子の乱は終わったか」と国会議員に問われた韓国ロッテグループの重光昭夫会長は「終

わりました」と答えた。15年9月の韓国国会の一コマだ。在日韓国人1世の父、重光武雄が日本で創業したロッテは、長男の宏之が日本、次男の昭夫が韓国と兄弟で経営を分担してきた。15年1月に武雄が宏之を解任し、次男によるワントップ体制を確立したものの、不満を抱く宏之と昭夫による「お家騒動」が長く続いた。

「企業としてのサムスンは好きだけど、創業家は嫌い」という韓国の若者がたくさんいる。北朝鮮の若き総書記、金正恩が韓国の若者の間ですこぶる評判が悪いのも、世襲によって最高権力者の座に就いたのが理由だと知り合いの韓国人大学生から聞いた。

「渦巻き社会」に生きる国民

韓国はストレスが強い苛烈な競争社会だ。大半の子どもが大学も職業も似たような頂点をめざし上昇気流に乗ろうとするが、そのプロセスで多くの人がこぼれ落ち、地面にたたきつけられる「渦巻き社会」に例えられる。ソウルに6年余り暮らした経験から、価値観が画一的で、「社会で成功する」という概念の範囲が狭いと感じるのは筆者だけではないだろう。ソウルの名門大学を卒業し医者や弁護士、学者などの専門職か、あるいは財閥系の一流企業に入るのが社会での「絶対的な成功」であり「絶対的な幸せ」という考え方が浸透している。

韓国で老舗が育ちにくい底流にこうした社会文化もあるように思える。

外交官として韓国勤務が長かった道上尚史は韓国社会について、権威主義的な区別・差別が根っこにあるなか、世界に目が向き、競争が熾烈《しれつ》で米国的な弱肉強食の社会だとし、「この根底にあるのは儒教とグローバリズムの結合だ」と指摘している（『韓国の変化　日本の選択』）。

日本の場合は異なる。全国の至るところに老舗がある。「創業〇〇年」といった形で江戸時代から続いていることを誇示するような表示もよく見られる。筆者が約30年前に通った都内の私立大学には老舗一族の子女がたくさん通っており、みんな家業にプライドを持っていた。ほとんどが「老舗の跡取り」として羽振りもよかったように思う。日本社会には商売を含め伝統を受け継ぐ価値観が浸透している。

政治が断絶しがち

そもそも日本人は「名門」や「伝統」好きで知られる。急激な社会や組織の変化を望まず、制度や法律でも守るのが得意だ。これに対し、「革命」を好む韓国は、新しいものや美しいものへの憧れが強く、そのためには既存のものに手を加えたり、古いものを壊したりすることもためらわないようにみえる。そうした国民性の違いが自国の政治や外交にも投影される。継続性や連続性が大事にされる日本では、１９９０年代半ばに「自衛隊違憲」を掲げていた社会党（当時）の党首、村山富市が首相に就くと、政界の不安をよそに歴代自民党政権が積み上げてきた外交・安全保障政策の根幹を踏襲した。筆者自身も学校や家庭で「いったんやり始めたことは最後までやり遂げろ」と教育された世代だ。かたや韓国では同世代でも就職先を転々としながらキャリアアップにつなげる人がめだつ。新政権も前政権を否定することから始めるため、「断絶の政治」になりがちだ。韓国は政党名もころころ変わる。規律・伝統を重視する日本と、より良いものを作りだすことを優先する韓国の価値観の隔たりは日韓間で過去に結んだ協定や合意のとらえ方の違いにも表れている。

日本には付属小学校または幼稚園に入学すれば、原則としてそのまま上級の高校や大学まで上がれる、または上がりやすいというエスカレーター式の学校があるが、韓国にはない。韓国人からすると、これも「競争は常に平等であるべきだ」という主張になる。１回の受験を通過すれば後はほとんど苦労せずに難関の高校、大学への「パスポート」を得られるシステムは受け入れられないのだ。

韓国は、入学・採用・昇進・結婚・人事など人生のあらゆる節目で血縁、地縁、学閥を中心としたコネ・人脈が物を言う社会である。古くは大統領と同じ出身地あるいは出身学校の人間が会社や役所内の人事で優遇され、これが地域間の対立を助長した。韓国で学閥が有名な大学を聞くと、ソウルの名門、高麗大学が必ず挙がる。結束が固い高麗大の内部には、さらに南東部・慶尚道や南西部・全羅道など出身地域ごとの集まりがある。出身高校の同窓会組織の絆が強いのも韓国の特徴だ。その理由について「大学は全国各地から集まるが、高校なら、校名を聞けばどこの地域の出身かが分かる」と聞いて、地域間対立の激しい韓国の一断面をのぞいた気がした。

権威主義と請託文化

民主化以降も「権威主義」が色濃く残っている韓国。歴代大統領の任期終盤から退任後にかけて、大統領の息子、兄弟といった肉親や側近の間で収賄などの不祥事が明るみにでる。軍事独裁と闘う民主化運動のシンボルだった金大中、金泳三《キム・ヨンサム》両大統領でさえ例外でなく、息子らがあっせん収賄容疑などで次々と逮捕された。大統領の権威を笠に着て自分たちまでが権勢を振るい、そこに私利私欲を求める勢力が近づき、双方が不正な利益を得ようとするからだ。

近年は、日本でも名前が知られた元法相・曺国《チョ・グク》の妻が、娘と息子の不正入学をめぐり実刑判決が確定し、曺本人も23年2月、同じ問題での私文書偽造や大学に対する業務妨害の罪でソウル中央地裁から懲役2年の有罪判決を受けた。前任の秋美愛《チュ・ミエ》も、息子が兵役中に特別扱いを受けたのではないかとの疑惑が国内で大きな論争になった。

2022年5月まで韓国大統領府が置かれた青瓦台＝筆者撮影

大統領をとりまく悪しき慣行にメスを入れようとしたのが朴槿恵だった。大統領時代は肉親さえも青瓦台（大統領府）に近づけないストイックさで知られ、この時代には、不正請託と金品などの授受を禁止する新法が制定された。当時、飲食なら日本円で約2700円、贈り物は約4500円が上限と決められた。従来の「接待相場」を大きく下回る内容だった。朴は「韓国社会に根強い縁故文化と腐敗につながる不正常な慣行を断ち切る」と強調。過剰な接待や、贈答品を取り交わして学閥や地縁に頼る風習にメスを入れた。自身は一貫して質素な生活を続けながらも、民間人の友人に国政への介入を許し、任期途中で弾劾・罷免されたのは皮肉だった。

縁故社会の影響は司法にも及ぶ。文在寅政権時代、革新系判事・弁護士グループ「ウリ法研究会」に所属する弁護士が司法界で次々と重用された。筆者の知り合いの判事は当時、「文政権は法曹界の人事をめちゃくちゃにした。能力でなく、政権中枢の知り合いかどうかで昇進が決まるようになった」と嘆いていた。それが裁判で文政権の意向に反する判決を出しにくい、あるいは出さない空気を醸成したのではないか。政権が代わる度に「揺れる司法」はいつまで続くのだろうか。

5　土下座・丸刈り・断食——政治パフォーマンスの底流

韓国人が謝らないワケ

韓国政治をウオッチしていると、日本人には奇異に感じられる光景にときおり出くわす。

2022年3月9日投開票の韓国大統領選で、革新系与党「共に民主党」の大統領候補、李在明がみせた「土下座」もその1つだ。選挙戦のさなかのある日、党の失政をわびるとして突然、報道陣のカメラに向かって土下座し、床に頭を擦りつけた。

韓国の政界で土下座は珍しいものではない。04年3月、筆者もソウルに赴任した直後に国会内で目撃した。当時の記事が残っている。「与党のウリ党議員は議場で全員がひざまずき涙を流しながら『盧武鉉大統領の弾劾を阻止できずに申し訳ございません』と国民に謝罪。床をたたいて悔しがったり投票箱を投げつけたりして怒りを表す議員もいた」。日本で長く政治記者だった筆者には新鮮な光景に感じられ、急いで原稿を東京のデスクに送った。喜怒哀楽の感情を可視化させる隣国の「動の政治」を目の当たりにした最初の経験だった。

サムライ文化と儒教文化の違いだろうか、土下座姿に屈辱感を覚える日本人と比べると韓国人は抵抗が少ないようにみえる。朝鮮王朝時代を描いた韓国ドラマでも、王様に対して臣下の者が「チョーナ〜」と地面や床に額を擦りつける場面をたびたび見かける。

韓国人に聞いてみると、土下座は謝罪の気持ちだけでなく、相手を敬う意思の表れでもあるそうだ。先祖の命日に祭壇の前でなされる先祖崇拝の伝統儀式チェサなどでの「クンジョル」という最も丁寧なお辞儀も、ひざまずいて頭を深々と下げるスタイルだ。

興味深いのは、そんな土下座と一般市民の日常生活との落差だ。「韓国人は相手にあまり謝らない、または謝りたがらない」というのが、計6年半に及ぶ私のソウル暮らしを通じて抱いた韓国人への印象だからだ。

日本人はよく謝る国民と言われる。店員を呼ぶときなども「すみません」だ。「申し訳ありません」という言葉も頻繁に使うだろう。韓国でも友達同士なら「ミアネ」（ごめんね）と言うが、その程度だ。仕事の付き合いなどで日本人が韓国人に軽い気持ちで「チェソンハムニダ」（申し訳ありません）なんて口にすると「いやいや、とんでもありません」とかなり恐縮されるはずだ。

なぜ韓国人は普段あまり謝らないのか。その理由を仲の良い知人に聞いてみたことがある。すると「謝れば責任を伴うから」との答えだった。つまり、韓国では自分が非を認めれば、例えばボランティアのような社会福祉活動をしばらく続けるといった謝罪の気持ちを具体的な行動で示さなければいけなくなる。相当な覚悟が必要であり、うかつに口には出せないという解説だった。

韓国の政界で土下座は反省の気持ちを効果的、効率的にアピールできる手段で、「これからは国民に尽くす」という覚悟や決意が込められているように思える。

22年12月19日に日本記者クラブで峨山政策研究院の崔恩美研究委員が紹介した論文によれ

ば、日本では1回謝れば終わりと考えるが、韓国では「相手がもう言わなくていいというまで謝罪を続けるべきだ」と考えるという。だからこそ司法の問題はお互いの考え方の違いを踏まえ、相手の受け止め方も考慮しながら一緒に解決策を探す必要があると訴えた。

韓国人が好んで使う言葉に「真正性《チンジョンソン》」がある。日本では聞き慣れないが、「真心」「誠実さ」「本気度」などと訳される。歴史認識問題をめぐり韓国側が日本に反省や謝罪を求める際、枕ことばに「真の」とか「心のこもった」を付けることが多いのは、その後の行動まで制約する意味合いがある。謝罪ひとつとっても日韓では考え方や作法が違う。それが日韓のさまざまな合意後の「すれ違い」につながっている。G7広島サミットに合わせて日韓首脳が韓国人原爆犠牲者慰霊碑を一緒に訪れて頭を下げたのが韓国で革新系メディアも含めて評価されたのは、首相の岸田が韓国人に対する言葉を行動で示したと受けとめられたからだ。

怒りを「目に見える」形で示す

剃髪《ていはつ》と断食も韓国では意思表示の手段として用いられ、政治の中心地、汝矣島《ヨイド》でもたびたび見かける。19年9月、当時の大統領、文在寅が、様々な疑惑が指摘されていた曺国の法相任命を強行すると、それに抗議するため、元首相で保守系最大野党代表の黄教安《ファン・ギョアン》がバリカンで髪を丸刈りにした。同じ党の女性議員もやはり丸刈り姿になった。このケースでは「怒り」を目に見える形で示したわけだ。これも「動の政治」の一例だ。

黄は丸刈りから2カ月後の11月下旬、文政権による日韓GSOMIAの破棄表明などに抗議し、今度は無期限のハンガーストライキに突入した。韓国の厳しい寒さの中で大統領府近くの広場に座り込み、夜はテントを張って「死を覚悟する」と意気込んだ。結局、断食開始から8日目の夜に意識を失って病院に搬送され、その2日後に断食終了を表明した。

土下座、丸刈り、断食はいずれも日本政界では、まず見られない。日本社会はむしろ喜怒哀楽の感情を顔に出さないのが美徳とされてきた文化の違いがあり、それは政界にもあてはまる。日本人からすると、仰々しく冷めた目で見られそうな政治パフォーマンスも、韓国では意外にも支持者にそれなりに受け入れられてきた土壌がある。しかし、未曽有の醜聞合戦に陥った前回の大統領選では、候補者本人はおろか、妻までも国民に頭を下げる姿が何度もテレビに映しだされたことで国民の間であきれた声が広がり、土下座や謝罪の効果はほとんど見られなかった。

6　Z世代は「反日」を超える

試験に出る反日教育

韓国には若者を指す様々な呼称がある。10～20代の「1020世代」。1990年代後半から2010年代初めに生まれた「Z世代」または「MZ世代」。特に20代は男子が「イデナム」、女性は「イデニョ」とそれぞれ頭文字をつなぎ合わせて呼ばれることは先に説明した。

19年9月、公益財団法人「日韓文化交流基金」による青少年交流事業（外務省招へい）で来日した韓国人大学生30人と懇談する機会をもった。最近の日韓関係について説明を終えると、待ってましたとばかりに手を次々に挙げた学生からの猛烈な質問攻めにあった。日韓の歴史問題が多かったのは予想通りだが、1951年に署名されたサンフランシスコ平和条約から元慰安婦・元徴用工問題まで、その知識量と問題意識に感心した。同時に、テーマによっては「韓国史観」とも言える韓国側の主張に偏った考え方に危うさも抱いた。

それはある意味で仕方ないかもしれない。幼い頃から教育などによってそのように刷りこまれてきたのだから。「日本との歴史になぜそれほど熱心なの？」とあえて聞いてみた。すると、ある学生は「日本との歴史は義務的に覚えなければならない。（韓国が併合された）1910年前後の歴史は特に試験によく出るから」と答えた。

超学歴社会の韓国は日本以上の激烈な受験戦争で知られる。出題の答えは当然1つしかないので、子どもたちは授業で教わった「正答」を必死になって覚える。別の韓国人学生によると「小学校から高校まで歴史教育を受ける。学校の外でも日本との歴史に接したり、学んだりする機会がたくさんある」という。元慰安婦支援団体が毎週水曜日にソウルの日本大使館前で開く日本政府への抗議集会には高校生も参加する。韓国の大学入試には授業以外の自発的な活動実績が加算点になる試験方式があり、文在寅政権時代には「反日運動」への参加をアピールする志願者が増えたという。

「日帝」（日本帝国主義）時代の日本の「悪行」が子どもたちにインプットされる場は歴史教育にとどまらない。国語や道徳、音楽など他の科目でも授業を通して徹底的に教え込まれる。ある韓国人大学生は「教科書に日本を非難する直接的な記述がなくても、日本が悪かったように授業の中で先生が誘導していた」と打ち明ける。

ソウルには、日本統治時代に独立運動家が投獄された西大門刑務所跡地など当時の建築物が残存している。同国で「義士」と呼ばれる独立運動家の銅像もあちこちで目に入る。右手に手りゅう弾を握りしめ、まさに投げようとしている人物は、32年に昭和天皇の暗殺を試みて処刑された李奉昌《イ・ポンチャン》だ。伊藤博文を暗殺した安重根《アン・ジュングン》も日本ではテロリストだが、韓国人からすれば英雄で、彼らの行為は「支配された被害者側の民族感情」となる。九州に近い韓国南部の地域を旅すると、16世紀の文禄・慶長の役（韓国では壬申倭乱）で豊臣秀吉軍によって破壊されたり消失したりしたという史跡に出くわすはずだ。文禄・慶長の役は朝鮮半島南半分の住民にとって朝鮮戦争以前の最後の戦争だった。その惨禍、怨恨、抵抗の説話は韓国の民衆の間で語り継がれ、対日感情の土台となっているという。

竹島や慰安婦は「異論の余地なし」

「自尊心」という言葉を好んで使う韓国人は、とりわけプライドの高い民族だと感じる。日本統治によって国が消滅し、自尊心を奪われた。第２次世界大戦後の独立も自らの手で勝ち取ったものではなく、外国の手を借りて解放されたものだ。そんな複雑な思い＝「恨《ハン》」が、48年の韓国建国以降、国民に国家プライドと自尊心を植えつける教育に反映されているようだ。

東京都内の高校で教鞭をとる女性は高校時代に悲しい体験をした。欧州の留学先である日、仲の良かった韓国人のクラスメート全員から突然、無視されたのだ。島根県の竹島（韓国名・独島）についてどう思うかを聞かれ、「日本固有の領土」と素直に答えたためだった。

韓国の思想に詳しい小倉紀蔵京都大学教授は著書『韓国の行動原理』（ＰＨＰ新書）に次のように記している。「竹島（独島）問題や慰安婦問題に関して、韓国のなかで『異論の余地なく』日本が悪い、という意見が全面的に共有されている。歴史的な事実を真摯に分析してみれば多様な『異論』が並立されるべきである問題に関して、『異論の余地なく』特定の勢力に非がある、と考えることは、客観的にいって思考が停止していることを意味している」

冒頭の韓国人学生を日本に引率した政府関係者から「韓国の大学生は慰安婦や徴用工問題を歴史問題というよりも人権問題としてとらえている」と教わった。生まれた頃には同国の高度成長期はすでに終わっていた。競争と格差社会でずっと生きてきた若者たちは自分たちを社会と教育制度の「被害者」と位置づける。社会正義や人権には特に敏感だ。

日本統治時代を体験し今も存命中の人々が残る韓国で日本の植民地支配はけっして「過去」ではなく、今なお続く現代史としてとらえられる。日本が韓国を侵略・併合した重い事実は否定できない。朝鮮半島出身者に対する日本人の差別的な言動も歴史的事実だ。一方で、戦前、戦中の日本人はすべて悪人で残忍だったという教えも誤っている。２００４年に筆者が韓国中部の忠清道で出会い、困っているところを助けてくれた高齢男性の2人は筆者の前で小学校時代の日本人恩師を懐かしみ、日本の童謡を口ずさんだ。当時、終戦から60年近くたってもさびない日本語に心が痛んだが、「加害者日本、被害者韓国」であらゆる史実を

ソウルの日本大使館前の慰安婦を象徴する少女像＝筆者撮影

ソウルの龍山駅前に置かれた徴用工像＝筆者撮影

規定してしまえば、そんなワンシーンも消されてしまう。

若者は歴史と文化消費を切り離す

韓国人は植民地時代に苦しめられた「日帝」への憎しみと、現代の日本人と日本文化に深い親しみを併せ持つ「ツートラック」(2路線)だ。若者にはその傾向が特に強い。日本との協力を重視する尹錫悦が大統領選で当選し、日韓関係が改善に向かうと、22年から23年にかけて韓国人観光客がどっと日本に押し寄せるようになり、訪日客の国・地域別でトップを独走した。けん引役は若者たちだ。

23年2月の聯合ニュース(日本語版)は「不買運動の勢いどこへ? 訪日韓国人が急増＝『政治と文化は別』との認識が定着」との見出しをつけた記事を配信した。そのなかで大衆文化評論家は「上の世代になるほど歴史・政治問題をより敏感に受け止める傾向があるが、世代交代によってそのような面がかなり薄れた」とし「過去の歴史と文化の消費を切り離して考えることが一般化した」と分析した。筆者がソウル出張でお世話になった政府傘下機関の30代女性は日本語をまったく話せないが、「『カベジン』(キャベジン)や『オータイサン』(太田胃散)は韓国でも人気があります」と日本の薬の名前を次々と挙げ、日本で訪れた観光地の写真も得意気に見せてくれた。

集団主義といわれてきた韓国で「個」を重んじる若者たちの存在は、上下関係が厳格な組織の秩序も揺さぶる。文在寅政権時代にベストセラーになった『90年代生まれが来る』。本の帯には「文在寅大統領が青瓦台の全職員にプレゼントした本」と書かれている。若者の生態を分析した本で、企業の管理職らが競って買い求めた。

「鉄板」といわれた韓国の酒文化にも若者の波が押し寄せている。「MZ世代」の間では、自分に合う酒、楽しめる酒など自分の好みの酒を見つけて飲むのが当然との文化が定着した。酔うよりも吟味する時代になっている。隔世の感がある。

近年、韓国で「119」という数字の並びを耳にするようになった。日本と同じく救急車を呼びだす番号だが、宴席では「1次会で終える。お酒は1種類にとどめる。午後9時前にはお開きにする」という戒めの言葉になる。15年のことだ。8年ぶり2度目の駐在となった韓国でまず驚いたのが、酒文化の大きな変わりようだった。2000年代だった前回駐在時の韓国スタイルは「333」（＝3次会まで、3種類の酒、午前3時）が当たり前という風潮で、午前3時ごろのお開きの後に、サウナとわずかな仮眠だけで早朝から平然と働くのが「できる男」の証しだった。当時30代で体力に自信があった筆者も韓国人と仲良くなるための通過儀礼として、「日韓戦」と称して明け方近くまでウイスキーをビールで割る韓国流カクテル「爆弾酒」の杯を重ねた。

その頃、韓国社会では「抑えた飲み方をするのはサムスンの社員ぐらい」といわれていた。ところが2度目の赴任ではほとんどの会食は1次会だけで、2次会があっても近くのワインバーで軽く1、2杯程度。景気の悪化により、時々飲む爆弾酒もウイスキーから低価格の焼酎に主流が移っていた。韓国文化に親しむ日本人駐在員が一抹の寂しさを感じるほど韓国の酒文化は変容した。当然、酒席で上司が後輩に酒を無理強いするようなパワハラの光景もほとんどみなくなった。

情報のグローバル化で韓国人の認識が多様化してきた。日韓関係の行方も次代を担う若者がカギを握ると感じる。韓国の若者はリアリストであり、日本を眺める目も「複眼」が特徴だ。「日本のアニメや漫画に親しむいまの若い世代が社会の中心になる頃には反日はなくなるのか？」。講演などでよく聞かれるとても難しい質問だ。「なくなることはありません。でも、今よりは薄まるでしょう」。このように答えるようにしている。

日韓関係はこのまま好転していくか。過去をことさら重んじてきた韓国にも近年になって「2つの変化」が生じている。1つ目の変化は、国会議員で元慰安婦支援団体の前代表、尹美香《ユン・ミヒャン》が慰安婦問題の解決を目的とする財団への支援金を私的に流用したとして検察から在宅起訴された事件だ。「尹美香事件が転機となって市民団体への国民の視線が変わった」（韓国ベテラン記者）という。反日団体は「聖域」であり、その主張は批判できないといった韓国での長年の不文律が破られたのだ。日韓首脳会談がソウルで開かれた2023年5月7日、日本大使館前の慰安婦少女像は撤去されないように市民団体の手によって柵で覆われていた。毎週水曜日にこの場所で日本に謝罪と賠償を求める左派系市民団体と、これに反発する保守系団体が同時に集会を開き、にらみ合うようになってからだという。

2つ目の変化は、韓国社会の対日観だ。韓国内で20代と30代を対象にした23年2月のアンケート結果では、日本への好感度が否定的な見解に比べて2・4倍も高かった。新型コロナウイルス禍後に急速な回復をみせる韓国人の訪日客がどんどん増えていくことで、教科書には載っていない等身大の日本を肌で感じる人々が増えるのは日本や日本人の理解につながる。韓国の若者はすでに同国が経済先進国入りした時代に生まれ育ったので、年配者が感じるような日本や中国への劣等感がない。学校で反日教育を受けつつ、市民団体や労働組合が主導するアジテーションなどの手法に古くさい、ダサいという認識をもつ若者も増えている。

韓国で現地の学生と交流する機会が多い日本人男性は次のように教えてくれた。「韓国の若い人たちは過去のしがらみよりも自分の生活を充実させることに意識を向けている。日本がどうこうというよりも、楽しめるもの、消費できるもの、つまり生活を豊かにできるものの1つに日本が入っている。小中高生は日本のアニメを見て育っており、この子たちと交流しようと思えばアニメの話題は鉄板だ。『いい物はいい』という意識が強く、そこはドライだ。8月15日の西大門刑務所跡には家族連れがたくさん並んでいたが、ある女の子は『今はロシアの方が悪いんじゃないか』と話していた」。私から将来の日韓関係はこれまでと変わっていくかどうかを聞いてみた。すると「変わっていくし、変わらざるを得ない。韓国の若い人たちは、過去にとらわれていると疲れる、乗り越えないといけないと感じ取っており、私は日韓関係の将来を心配していない。むしろ邪魔をしているのは大人だ」とのことだった。

対日政策をめぐる尹大統領の様々な決断の背後で、韓国社会の静かなる地殻変動が進んでいる。

第　3　章

四面楚歌を突破する

1　高まる反中、冊封のくびき外れる

恐中ＤＮＡと若者

尹錫悦は大統領選の最中から文在寅政権の対中政策を「中国寄り」と厳しく批判した。尹の対中姿勢は自由、民主主義、法の支配という揺るぎない信念に支えられており、国内で保守層を中心に一定の支持を得ている。尹政権の新たな国家安保戦略でも、中国との関係について「国益と原則に基づいて一貫して断固たる対応をとる」と強調した。

韓国人と付き合いを重ねていくと、中国人に対する鬱積した感情に驚くことがよくある。保守性向の強い高齢層には、朝鮮戦争（１９５０～53年）の土壇場で、北朝鮮を援護するため参戦した中国軍から手痛い巻き返しを受けた苦い記憶と、戦後の「反共」教育が染みついている。さらに中国人の韓国人に対する「無視する態度」や「上から目線」が我慢ならないといった話もよく耳にする。外交の舞台でも、中国政府が韓国に派遣する大使はいつも北朝鮮よりも格下だとか、中韓の閣僚会談で中国はしょっちゅう遅刻するとか、とにかく不満が尽きない。

それでも中国の前ではぐっと我慢してきたのも韓国だった。朝鮮半島に暮らす人々は南北を問わず、中国への依存心と警戒心が共存する独特な距離感を持っている。中国による侵略と冊封体制の歴史に立脚する防衛本能だろうか。なかなか拭えないので、筆者はそれを「恐中ＤＮＡ」と表現してきた。

しかし、韓国の若者はここでも違う。韓国が経済先進国入りし、世界有数のＩＴ大国に躍進した時代に生まれ育ったこの世代には中国人への引け目が全くなく、中国を同じ地域で共存する対等なパートナーとみなす。中国人から理不尽な振る舞いをされれば臆せずにモノを言うのである。

コロナで「嫌中」が顕在化

中韓関係は２０２０年頃から目に見えて変わった。それまでの韓国では「反日デモ」は定期的にみられ、「反米デモ」にもたまに出くわすが、「反中デモ」だけは絶対に起こらない。18年まで筆者がソウルに駐在していた当時のそうした「常識」がこの数年で見事に覆された。

契機は、世界を襲った新型コロナウイルスの猛威だ。コロナで急増した出前の配達員でつくる労働組合が中国人の密集地域への配達禁止を会社側に要求したり、大統領府に中国人の入国禁止を要請する国民請願に約80万人の賛同者（20年2月時点）が集まったりする現象が韓国で次々と起こった。

韓国社会がため込んだ嫌中感情が噴出したかのようだった。ソウルの繁華街、明洞《ミョンドン》にある中国大使館前では、保守系の市民団体が「中国は恐怖の殺人武漢肺炎（新型コロナウイルス）の情報公開を」と書かれた横断幕を手にしてシュプレヒコールをあげたのだった。

中韓関係の悪化に追い打ちをかけたのは22年の北京冬季五輪だ。開会式で、朝鮮半島の伝統衣装であるチマ・チョゴリ（韓服）を着た中国人女性が登場したことで、韓国のSNS（交流サイト）やインターネット上には「中国が韓国の文化を盗んだ」との声であふれた。当時は文政権だったが、革新系の新聞でさえ社説で「明白な文化侵奪だ」と中国を非難し「歴史歪曲《わいきょく》の試みには堂々と立ち向かうべきだ」と政府を突き上げた。

「反中・嫌中」の震源地の1つは大学だ。世界最低水準の出生率が続く韓国では、地方の大学が学生集めに特に四苦八苦し、海外からの留学生頼みになっている。韓国で学ぶ留学生は18年に16万人に上り、出身国別でみると、中国人が最も多く、全体の4割を占める。全体の7割まで膨らんだ一時期に比べると割合が減ったとはいえ、依然、キャンパスで存在感を放っている。

韓国人が問題視するのは中国人学生の振る舞いだ。一例を挙げると、学内で中国国家主席の習近平《シー・ジンピン》体制を批判するのは許さないといった中国人学生の言動に韓国人学生が不満を募らせている。ある大学では、中国人留学生が、香港や新疆ウイグル自治区の人権弾圧を非難する講義の内容に対し授業中にもかかわらず大声で反論したり、校内の掲示板に貼られた中国体制批判のビラが気に入らないからといって次々に破り捨てたりするなどして、韓国人学生との間で険悪な雰囲気になったという話を聞いた。

韓国の20代と30代、中国「好感を持てない」91％

韓国の市民団体「正しい言論市民行動」が23年4月に公表した全国の20代と30代の成人男女約1000人を対象にした世論調査の結果によると、朝鮮半島周辺4カ国に対する好感度を尋ねる質問に「好感を持てない」と回答した割合は中国が91％で1位、北朝鮮が88％で2位、日本が63％で3位となった。一方で、米国については「好感を持つ」が67％とひときわ高かった。

米国の世論調査機関「ピュー・リサーチ・センター」が22年2月から6月にかけて世界19

カ国で実施した調査結果でも、中国を「好ましくない」と否定的にみる韓国人が過去最大の80％に達した。02年は31％であり、この20年間で大きく悪化したのが分かる。韓国の反中・嫌中世論は、17年の在韓米軍の地上配備型ミサイル迎撃システム（THAAD）配備に対する中国の猛烈な経済報復を機に急激に高まったが、もともと韓国内に煮えたぎっていたマグマが噴き出したともいえる。同センターは「（韓国は）調査対象国の中で若年層の反中世論が老年層より高い唯一の国」と分析した。

韓国人の安全保障観にも変化がみえる。日本の言論NPOが韓国のシンクタンクと共同で22年夏に実施した世論調査では、韓国人のほぼ3人に2人が中国を「軍事的な脅威」とみなしている。21年12月に韓国政府系シンクタンクの統一研究院が公表した調査では「日米中ロ4カ国のうち、安全保障上の脅威はどこか」を尋ねたところ、トップは中国の71・9％で2位の日本（21・1％）を大きく引き離した。上記の市民団体の調査結果でも「脅威になる」との回答で中国は77％で北朝鮮の83％に続いた。韓国ギャラップが同年11月に国内の18歳以上を対象に実施した調査でも、中国の習主席への好感度は8％。北朝鮮の朝鮮労働党総書記、金正恩の7％とほぼ同じだった。

尹錫悦が僅差で制した大統領選で「勝敗を分けたのは嫌中感情」（韓国人ベテランジャー

ナリスト）との指摘がある。就任後に推し進める日米韓3カ国の安全保障協力が韓国内で一定の評価を得ているのも、中国に物申すようになった若い世代の意識が背景に読み取れる。尹は朴槿恵政権から文政権までの約10年にわたる親中路線から転換しようとしている。かたや革新系大統領候補だった李在明は対中国政策でも「文政権の政策を継承する」と語った時点で国民意識との間でズレが生じたとの韓国人専門家の解説は興味深い。

進出先・取引先の多角化急ぐ企業

韓国外交における中国の比重が経済面にほぼ限定され、相対的に低下している点も見逃せない。中韓の貿易総額は国交を樹立した1992年の63億ドルから2021年に3015億ドルとなり、48倍に膨らんだ。韓国は対中貿易を成長のテコにした。韓国貿易協会によると1991年時点で韓国の最大の貿易相手国は米国、2位が日本で、中国は15位だった。92年に中国が6位に浮上し、2001年に日本を、03年に米国を抜いてトップになった。以後20年間、中国が最大の貿易相手国になっている。

半導体をはじめ部品・素材の輸出で大きく依存してきたため、「中国がくしゃみをすると韓国経済が風邪をひく」と長く言われてきた。そんな中韓の経済関係も転機を迎えている。輸出主導型の韓国経済が22年、中国に対して28年ぶりに貿易赤字となったからだ。中国の景気鈍化、新型コロナウイルス対策による生産活動の停滞で中間財の輸出が低迷したと分析されている。

韓国にとって中国は最大の貿易相手国のままだが、22年から対中輸出額が落ちこんでいるのに対し、対米輸出は堅調で金額差が縮まっている。尹政権の米韓関係重視の経済政策によって、最大の貿易相手国が今後、中国から米国に入れ替わる可能性もある。中国が「経済のお得意様」でなくなりつつある事情も韓国人の対中感情に影響を及ぼしている。

韓国企業にはTHAADの報復措置で大きな痛手を負った教訓が残る。さらに米中貿易摩擦の影響による「チャイナリスク」を避けるため、対外貿易での中国依存を減らそうと、生産拠点をEUやインド、東南アジアに移すなど進出先や取引先の多角化を加速させている。

中国も韓国をけん制

中国も黙ってはいない。22年5月の尹の大統領就任式に中国が国家副主席の王岐山《ワン・チーシャン》を派遣するとの情報が一斉に流れたタイミングは、日本が韓国の望んだ首相、岸田文雄の出席を見送る方針を決めたと報じられた直後だった。王は地位もさることながら、「国家主席習近平の盟友」として知られていた。中国は従来の副首相級よりもあえて格上のナンバー2を送りこむことで、日米韓3カ国の結束を揺さぶる狙いは明らかだった。「何とも中国らしいやり方だ」。日韓外交筋はそう言って唇をかみしめた。

中国は韓国企業を米国市場攻略の足場とする戦略にも動きだした。中国企業が韓国企業の買収を進めている。22年8月26日付の日本経済新聞の記事によれば、中国の杉杉《シャンシャン》グループはLG化学の液晶パネル用の偏光板事業を買収した。近年は中国政府の旗振りで、中国の投資ファンドや有力企業が半導体関連を中心にハイテク分野の韓国企業の買収や出資に向けて物色しているという。

韓国の国土交通省と統計庁が20年11月に発表したデータによると、外国人土地所有件数は11年の7万1575件（公示時価24兆9957億ウォン）から9年後の20年には15万7489件（公示時価31兆4962億ウォン）に増大した。中国人の韓国内の土地所有量は11年から19年までの8年の間に14倍も増え、その広さは韓国の政治経済の中心地である汝矣島《ヨイド》（2・9平方キロメートル）の6倍以上になっている。特定地域の住宅価格も跳ね上がり、購入規模が警戒レベルにまで達したと韓国メディアは報じた。

23年3月から5月までのわずか2カ月で日韓両首脳が3度も会談するなど両国関係は大き

く前進した。中国共産党系メディアはこの間、日韓、米韓関係、とりわけ韓国を狙って批判し、独自外交を要求する論調を繰り返し展開した。邢海明駐韓中国大使は6月に韓国野党「共に民主党」の李在明代表と会談。米中対立に触れ、「米国が勝利し、中国が敗北すると賭けるのは誤った判断だ。後で必ず後悔する」と尹政権を批判し、中韓関係の悪化は韓国側の責任だと断じた。日本外務省幹部は「中国外交は最も結束が弱いところを突いてくる。それが韓国だとみている」と語る。さらに元大統領府高官によると、5月末時点で中国はそれまでの2、3カ月間、韓国とのフォーラムや人的交流を軒並み延期しているという。そうしたさなか中国は5月22日にソウルで韓国と外交当局による局長協議を開いた。韓国メディアによると、中国側が敏感に反応する台湾海峡問題などについて双方の立場を確認し、今後の対話を続けていくことを申し合わせたという。中国は日本とも対話のパイプを閉ざしていない。日韓の接近は日米韓の結束につながるため中国としては必ずしも歓迎できないだろう。しかし、目下最大の敵は米国であり、日本や韓国との間で安定的な関係を築きたいのもまた本音だ。中国との神経戦が続く。

尹政権、中国との決定的対立は避ける

中国、ロシア、北朝鮮が連携を深めるなかで、バイデン米政権はこれらの独裁国家群と対抗するためアジアで特に日本と韓国の役割を重視している。半導体の供給網から中国を締め出す狙いで中国などへの半導体投資を制限する「ＣＨＩＰＳ法」を国内で成立させた。韓国に対しても、サムスン電子やＳＫハイニックスに米国への投資を促しつつ、補助金を受け取りたければ今後10年間、中国での生産に投資してはならないとの条件を付け、同盟国に踏み絵を迫る。23年４月の米韓首脳会談でも、米国は経済面では譲歩しなかった。

韓国の立場は苦しい。中国は輸出全体の25％程度（21年）を占める最大の貿易相手国だ。サムスン電子、ＳＫハイニックス両社も中国国内に半導体の製造拠点を持ち、巨額の資金を投じている。韓国内の世論調査では、全体の８割近くが「中国は経済協力が必要な国」とみて、半数以上が米国との関係を強化しても中国けん制には慎重であるべきだと答えている。韓国の半導体産業にとって中国は市場としても生産地としても存在感は大きく、中国依存からの脱却は言うほど簡単ではない。

尹は就任後、ＴＨＡＡＤの追加配備の公約を棚上げしたままだ。韓国にとって朝鮮半島と

陸続きである大国の存在はやはり無視できない。北朝鮮との対立が強まるなかで、中国との決定的な対立は安全保障上も避けたいのが本音だ。尹が立場を鮮明にした「インド太平洋戦略」についても、中国が神経をとがらせる台湾近海や南シナ海の問題をめぐり「言葉」だけでなく、いかに「行動」で示せるかが問われている。米国政治に詳しい専門家は「米国内の保守層の一部は尹政権が対中政策で煮え切らないとの不満を抱いている」と指摘する。米国との同盟関係を強化しつつ、中韓関係をいかに安定的に管理していくかが尹政権の重要な課題になっている。

2 しぼむ「絶対の南北統一論」

「国旗掲揚塔競争」の再現

朝鮮半島の北緯38度線に引かれた軍事境界線付近に韓国、北朝鮮双方の国旗掲揚塔が建っている。800メートルの距離で向き合う南側の台城洞《テソンドン》と北側の機井洞《キジョンドン》の2つの地域では、1980年代に「国旗掲揚塔競争」が繰り広げられた。最初に韓国の台城洞が98・4メートトルの高さの国旗掲揚塔をつくると、北朝鮮は負けじと機井洞に当時世界一の高さ160メートルの塔を設けて国旗を掲げた。現在もそのままにされている。

最近、朝鮮半島で繰り返される武力示威の応酬をみると、その当時を思いだす。米軍の原子力空母や最新鋭の戦闘機、戦略爆撃機が集結した米韓合同軍事演習に対し北朝鮮は弾道ミサイルの発射で対抗。すると今度は米韓両軍が同じ数のミサイル発射でやり返すといった具合だ。

最後に残った冷戦地帯といわれる朝鮮半島で、南と北が近づいた時期も過去に何度かあった。2000年の初の南北首脳会談で多くの時間を割いたテーマの1つが統一問題だった。当時、韓国大統領の金大中が訴えた南北連合→連邦→完全統一の3段階統一案に対し、北朝鮮総書記の金正日《キム・ジョンイル》は連邦制案を譲らなかった。双方が互いに主張を貫徹しようとすれば、せっかくの会談も決裂する。激しいやりとりの末、まとめたのが「南側の連合制案と北側の低い段階の連邦制案が互いに共通点があることを認め、今後、この方向で統一を目指していくこととした」との一文だった。

初の南北首脳会談で国民の多くが感動で涙ぐんだという韓国でも、20年以上がたって統一への意識がずいぶん変わってきた。ソウル大学統一平和研究院が22年9月に公表した南北統一に関する世論調査の結果によると、「統一が必要だ」とする回答は46％と半数を割った。「統一は不可能だ」は31％で、過去最多を記録した。統一の可能性に対する否定的な反応は年齢層が低いほど多い。統一は不要とする理由としては、34％が「経済的負担」を挙げた。「南北間の政治体制の違い」が21％、「統一後に生じる社会的問題」が20％と続く。

調査では、韓国国民の9割超が北朝鮮の非核化に懐疑的な見方をした。北朝鮮に向けられるまなざしは若い世代を中心に年々厳しくなっており、韓国政府傘下の統一研究院が21年末に発表した「統一意識調査」の世論調査でも、韓国人の周辺国に対する好感度を尋ねる質問で、北朝鮮は最低の6・6％だった。

韓国憲法は北朝鮮地域を含めた朝鮮半島全体を自国の領土と定めている。朝鮮戦争当時、南北に生き別れになった離散家族は1000万人にも及ぶといわれるなかで、民族の悲願である南北統一への思いは絶対的なものだった。しかし、韓国内では20～30代を中心に統一は不可能だとの認識のもとで現在の分断体制の維持を望む声が広がっている。統一を急げば自分たちの生活がさらに厳しくなるとの現実的な不安感だ。

韓国大統領、尹錫悦は就任直後の22年8月15日の「光復節」の演説で、北朝鮮の非核化の段階に応じて経済のインセンティブを提供する「大胆な構想」を提案した。支援項目として食料、発送電インフラ、港湾、空港、農業、医療、金融を挙げた。これに対し北朝鮮総書記、金正恩の妹、金与正《キム・ヨジョン》は、核は「我々の国体」であり「核を経済協力のようなものと換えるという発想自体が尹錫悦の夢であり構想ならば幼稚だ」とこきおろし、「我々は尹錫悦という人間自体が嫌いだ」と突き放した。

尹に近い外交筋は筆者に「北に『大胆な構想』が受け入れられないのは織り込み済みだ。大統領は任期中に南北関係を良くしようとは考えていない」と話した。米韓合同軍事演習の野外軍事訓練の復活や北朝鮮への反撃能力の強化などは、韓国での政権交代を内外に強く印象付けた。保守と革新が鋭く対立する韓国で保革の最大の対立軸は北朝鮮との向き合い方だ。北朝鮮の威嚇に一歩も引かない尹の姿勢は保守層に評価される。世論調査でも対北朝鮮政策への支持率は文政権の後半期を上回り、23年に入ると、支持理由のうち「国防・安保」が跳ね上がった。

「対の論理」、22年ミサイル60発の舞台裏

韓国で南北統一への熱が冷めた背景には北朝鮮の核兵器信仰がある。北朝鮮は22年に核弾頭の運搬手段となる弾道ミサイルを少なくとも過去最多の約60発発射した。

この年は特筆すべき2つのヤマ場があった。1つ目は4月25日。金正恩が戦場での核攻撃を示唆した朝鮮人民革命軍創建90年の軍事パレードでの演説だ。北朝鮮内では「『先制攻撃』に初めて踏みこんだ発言」と受け止められ、金正恩が23年の目標に掲げた「戦術核兵器の大量生産」につながる。2つ目は、日本上空を通過させたミサイルを含めて異例の高頻度で弾道ミサイルや砲弾の発射を繰り返した9～10月にかけてだ。2つの時期に朝鮮半島で何が起こっていたかを振り返ると、金正恩に潜む米国への恐怖心が伝わってくる。

22年4月25日の金正恩演説は、米国が原子力空母「エイブラハム・リンカーン」を中心とする空母打撃群を日本海の朝鮮半島周辺に送った直後だった。9月下旬も米国が原子力空母「ロナルド・レーガン」を4年ぶりに韓国に寄港させ、韓国との間で5年ぶりとなる空母を交えた共同訓練を始めた時期であり、それに北朝鮮は激しく反発したのだった。

米空母から発着するF35などの最新鋭ステルス戦闘機は核爆弾も搭載できる。北朝鮮側は国内の主要施設の爆撃や金正恩指導部の「斬首作戦」を担う「侵略的な戦争装備」（朝鮮中央通信）と警戒している。北朝鮮はレーダーをはじめ対空装備の大半が冷戦時代の旧式システムで空からの攻撃への備えが決定的に脆弱とされる。北朝鮮筋は「領空に入られればひとたまりもない」と指摘し、「平壌の指導部が一番恐れているのは空母だ。この恐怖は西側には理解しにくいだろう」と話す。

22年にあれほど大量のミサイルを撃ったのも、核には核で対抗するという北朝鮮流の「対の論理」に従った場合、自分たちには米韓の最新鋭戦闘機や戦略爆撃機のように敵を脅かせる兵器が核ミサイル以外にないからとの発想だ。「西側からすれば『北朝鮮の挑発』なのだろうが、平壌からみれば『米国の挑発』だ。座して（米国の要求を受け入れた結果、体制が崩壊した）イラクやリビアのようにはならない」となる。金正恩が先制攻撃の可能性に言及した発言も、北朝鮮は日米韓への「対の論理」だと強弁する。

北朝鮮は兵器を多角化し、軍事偵察衛星の発射や小型無人機による韓国領空侵入にも踏みきった。21年に決めた北朝鮮の国防5カ年計画に「軍事偵察衛星の運用」「無人偵察機の開発」を盛り込んでいるのも、弱点の「空」を意識した防衛能力の強化を狙ったものだ。

「金正恩は核ミサイルと軍事ドローン（小型無人機）、特殊部隊があれば他は要らないと考えているようだ」。北朝鮮の工作員だった元朝鮮労働党幹部から16年にこう聞いたのを思いだす。22年末、北朝鮮が韓国領空に侵入させた無人機のうちの1機が韓国大統領府を撮影していた可能性があることが分かり、尹政権に衝撃が走った。「空」からの攻撃を恐れる北朝鮮は低コストの無人機や偵察衛星の開発を急ピッチで進めている。

北朝鮮の挑発は「軍事力への自信」

22年3月末に米国防総省は「核体制の見直し（NPR）」の概要を発表。米国に核戦力を頼る同盟国に配慮し、核抑止力の維持を「最優先事項」と明記した。韓国大統領、尹錫悦も大統領選のさなかに、北朝鮮に対する「先制打撃能力」の保有に言及した。日本でも首相、岸田文雄が就任前から「敵基地攻撃能力」（「反撃能力」に呼称を変更）の保有に意欲を示した。北朝鮮はそれに刺激されている。

東アジアで軍拡競争が広がれば、経済が疲弊する北朝鮮には分が悪い。旧ソ連が米国から経済制裁を受けながらハイテク兵器の開発合戦に突き進んだあげくに国が衰退した教訓が北朝鮮内で語り継がれている。それでも、いまは「対の論理」で無理をしてでも米国に対抗せざるをえない時期なのだという。北朝鮮筋は「米韓両軍にこれほどまでの威力を見せつけられたら、この先、対話に乗りだしても脅されれば引かざるをえない。やり返さなければ国を守れないとの意識を平壌はものすごく強く持っている。ミサイルはもはや必要経費だ」と話す。

北朝鮮はミサイル開発の研究や失敗を重ねながら欧米の時間軸とは異なるスピードで弱点

を克服していく。金正恩は23年の目標に戦術核兵器の大量生産を掲げ、核・ミサイルの増強にまい進する姿勢を明確にした。かつての北朝鮮は米韓合同軍事演習の期間中の大型挑発を控えていた。朝鮮半島に米軍の最新鋭兵器が集結している間の不測の事態を避けるためだとの見方がもっぱらだったが、最近では米韓演習の期間中でも軍事挑発を仕掛けるようになった。この変化を日本の自衛隊関係者は「軍事力への自信の表れ」と分析する。

米韓も北朝鮮の「弱み」を突く戦術を徹底している。22年10月末から11月上旬にかけてF35Bを含む最新鋭ステルス戦闘機や電子戦機、偵察機など240機を投入した大規模な共同訓練を実施した。このほかにも、北朝鮮がミサイルを発射すると、戦略爆撃機B1BやB52H、F22ステルス戦闘機などを相次ぎ朝鮮半島上空に展開し、北朝鮮指導部ににらみをきかす。朝鮮半島は米韓と北朝鮮によるチキンレースのような様相を呈す。米朝対立で緊張が高まった17年当時よりも事態は深刻になっていると軍事専門家は警鐘を鳴らす。

南北統一の願いは北朝鮮の一般住民の間でより切実だ。筆者は7回の訪朝経験を通じて、その思いを感じとってきた。日々の食べ物に苦しむ困窮した暮らしから何とか脱けだしたいとして「変化」を待ち望む。南北首脳会談や米朝首脳会談のたびに期待を膨らませながら、何度も失望を重ねてきた。決して現体制への不満を口にしないが、北朝鮮の一般市民こそが最大の被害者ではないか。

北朝鮮の支配政党、朝鮮労働党は21年1月に党規約をひそかに改正し、韓国の人民蜂起を支援するとの記述を削除した。韓国国民が北による独裁政治を歓迎しないと暗に認めたとも言える。

その一方で、韓国の情報機関・国家情報院と警察は国内で北朝鮮のスパイ勢力が暗躍しているとして23年1月、大がかりな摘発に乗りだした。根を張った地下組織に切り込むべく、革新系野党を支持する労働組合の中核組織、全国民主労働組合総連盟（民主労総）の幹部に対し、北朝鮮工作員と接触した国家保安法違反の疑いで家宅捜索に入った。韓国メディアによると、同幹部はハノイやプノンペンなどで複数回にわたり、北朝鮮で対南工作を担う朝鮮労働党の工作員と接触したとされる。当局は家宅捜索に先立ち、慶尚南道や全羅北道など各地に散らばる関連拠点を捜索。北朝鮮の指令を受けて地下組織を築き、反米デモや反政府活動を展開していたとして4人を逮捕した。地下組織は労組や政党、市民団体に入り込み、北朝鮮に有利な世論を醸成する工作活動を支えていたとみられる。

3　外交は票にも、カネにもなる

「積極外交」に走る韓国

「外交は票にもカネにもならない」。筆者が長年取材してきた日本の永田町ではかねてこう言われていた。建設・道路族、農林族、社労族、運輸族、商工族、防衛族といった自民党の族議員が、関連団体を抱えながら選挙での票集めに加え、予算獲得でも中央官庁への影響力を誇示したのに比べると、「外交族」という言葉はめったに聞かれなかった。実際、外交をライフワークにする国会議員は少なかった。国際関係にいくら汗をかいても当事者の多くは投票権を持たない外国人であり、費やした労力に比べてリターンが少ない、割に合わない仕事という認識が国会議員の間で広がっていたからだ。

かたや国土がより狭い韓国は海外に大きく目を開く。韓国人は昔から地政学的に自国を「クジラに挟まれたエビ」に例えてきた。クジラとは、中国、日本、ロシア、米国などを指す。「クジラのケンカでエビの背中が裂ける」とのことわざは、強い者同士の板挟みにあって小さいものが被害にあうという意味で、歴史上、周辺の大国の争いに巻きこまれて辛酸をなめた弱小国時代のコンプレックスを映す。こうした歴史的背景から韓国人は、国際社会で高い地位を得るのは国民情緒や自尊心をくすぐられるといい、歴代政権も国連などの国際機関のトップを含む幹部ポストに人材を積極的に送り出してきた。国際機関への拠出額の割にポスト獲得数が少ない日本とは対照的である。

韓国の歴代政権の外交は、融和と対立を繰り返す北朝鮮との関係や、「周辺4強」と呼ぶ米国、日本、中国、ロシアとの2国間外交の範囲から大きくは抜け出せずにいた。前大統領、文在寅も北朝鮮との南北融和を優先し、あらゆる政策を朝鮮半島のレンズから眺めたのに対し、現大統領、尹錫悦は国際的な枠組みの中核メンバーになりたいとの思いが強い。政権発足時から「グローバル中枢国家」をスローガンに掲げて積極外交を仕掛け、政府開発援助（ODA）の供与額を世界10位以内に引き上げるという目標まで打ちだした。就任早々に米国が主導する新たな経済圏構想「インド太平洋経済枠組み（IPEF）」への参加を表明したのに続き、主要7カ国首脳会議（G7サミット）プラスや北大西洋条約機構（NATO）首脳会議についても招待を受けると喜々として参加してきた。

国際社会で韓国の知名度が上がれば、欧米をはじめビジネスや輸出拡大の機会も増える。

「小さなエビ」から脱皮して「クジラ」と肩を並べるための外交は経済と並んで優先度が高い。外交は韓国大統領のひのき舞台であり、積極外交こそが票にもカネにもつながるという認識が定着している。尹政権が日本との関係改善に率先して乗りだしたのも、日米韓連携が米韓同盟の強化、ひいては「グローバル中枢国家」になるために不可欠だとの信念だ。

韓国内では首脳外交など国際舞台での活躍は日本以上にメディアで大々的に取りあげられ、外交イベントのたびに大統領の支持率が跳ね上がるケースがよくある。例えば、2023年1月に大統領、尹が訪問先の中東で、水素や原子力など現地の産油国が欲する技術を供与し長期的な関係を固めようと外交攻勢をかけたときは、支持理由で「外交」が前週比10ポイント超も跳ね上がった（韓国ギャラップ調査）。特に尹政権の場合、各種世論調査の支持理由と不支持理由のトップがいずれも「外交」になる傾向にある。

李明博とも一線を画す尹錫悦

国民から人気を得やすい外交は、日本への刃《やいば》にもなってきた。韓国では鋭く対立する保守、革新の左右両派を含めて国民全体がまとまりやすい代表的な政策が「反日」と長くいわれてきた。歴代大統領は低迷する支持率を挽回する手段としても使ってきた。保守派大統領の李明博もその1人だった。

李は就任後、経済や外交の立て直しに力を注ぎ、戦略外交や防衛の観点から日本との協力を重視した。「任期後半に『反日』を利用して支持率を上げる歴代大統領のようなことはしたくない」と語っていた。しかし、韓国憲法裁判所が政府の「不作為」を認めた慰安婦問題をめぐり日本から思うような対応を引き出せず、自身の支持率が20％台前後まで下落すると、次第に日本への態度を硬化させていく。12年のことだ。日本とのＧＳＯＭＩＡが国内で反発を受けると、締結直前に一方的に日本に延期を通告した。その後、日韓が領有権をめぐり対立する島根県の竹島に上陸するという禁じ手に走った。さらに天皇陛下に独立運動家への謝罪を要求して日本側の猛反発を招く。これが決定打となり日韓関係は坂道を転げ落ちていく。「日韓の失われた10年」と呼ばれる関係悪化は、この時代から始まった（図表3－1）。

尹錫悦政権スタート時の外交・安保チームの顔ぶれは金聖翰《キム・ソンハン》大統領府国家安保室長（23年3月に退任）、金泰孝《キム・テヒョ》同第1次長をはじめ李政権とほぼ同じだった。李政権のスローガン「グローバルコリア」も、現在の尹政権の「グローバル中枢国家」のベースになっている。尹政権が「李明博2・0」と呼ばれるゆえんだ。日本国内には尹が李のようにいつか反日に転じるのではないかと懸念する声も多かったが、政権発足から一貫して対日改善路線でぶれな

図表3-1　日韓防衛協力は政治に振り回されてきた

年	政権名	できごと
2011	李明博	ACSAとGSOMIAの意見交換で一致
12		**大統領が竹島上陸**
13	朴槿恵	海上の捜索・救難共同訓練
15		ソウルで安保対話
		4年ぶり防衛相会談
		自衛隊観閲式に韓国参加
		日本の防衛相が4年9カ月ぶり訪韓
		慰安婦合意
16		GSOMIA締結
18	文在寅	東京で安保対話
		韓国が旭日旗の掲揚自粛要請
		元徴用工判決
		韓国軍が自衛隊機にレーダー照射
19		韓国がGSOMIA破棄通告
22	尹錫悦	日本での国際観艦式に韓国参加
23		**元徴用工問題で解決策**
		GSOMIA正常化へ

（出所）「日本経済新聞電子版」2023年3月16日を基に一部加筆

い尹の言動をみると、それは杞憂《きゆう》に終わりそうだ。

尹と李の2人を分けるものは何か。北朝鮮の脅威拡大や中国の軍備増強、ロシアによるウクライナ侵攻といった国際社会における安全保障環境の変化だけではない。まず挙げられるのは「理念」の強さだ。尹は就任演説の16分間に「自由」を35回も言及して周囲を驚かせた。「個人の自由、人権、国家の統治は法律に基づくべきだという哲学が自身のなかに定着している」と外交ブレーンは話す。

尹と李2人の出自の違いが対日観にも影を落としていると韓国人学者は分析する。李は第2次世界大戦中の大阪で貧しい家庭に生まれ、日本の敗戦後に密航船で韓国に引き揚げた。幼少期の体験が日本に対して愛憎半ばする複雑な感性につながっているとの見立てだ。これに対し、尹は両親がともに大学教授という裕福な家庭に育ち、日本に国費留学した経済学者の父と一時期、暮らした先進国・日本への好印象がいまも強く残っている。李とは対日観のベースが異なる。尹には日本への屈折した感情がまるでみられない。「日本の悪口を一度も聞いたことがない」と側近は明かす。

意外に大きい理由は、前任の文在寅への対抗心かもしれない。文政治の最大の失敗を外交に位置づけ、その象徴として日韓関係の悪化を大統領選から一貫して批判してきた。そうした経緯からも自らの否定につながる反日には安易に転じられないというわけだ。文時代は対日関係だけでなく米国や中国との外交もギクシャクした。最後は北朝鮮との南北関係も行き詰まり、保守メディアから「四面楚歌《そか》」と批判された。尹は対日関係の立て直しや米韓同盟の強化を軸に外交で成果を上げることこそ、政権交代による最もわかりやすい変化の象徴になると信じている。

4　K－兵器とトップセールス外交

転換点はウクライナ危機

2023年に入ると韓国大統領、尹錫悦はすぐに中東と欧州に飛び、原発や兵器などの売り込みを加速させた。官民一体となった韓国流トップセールス外交はにわか仕込みではない。周到な準備としたたかさが際立っている。

1月19日、スイス東部のダボス。世界経済フォーラムの年次総会（ダボス会議）で登壇した尹。半導体、2次電池（リチウムイオン電池など）、鉄鋼、バイオ分野で世界トップレベルの競争力を確保した韓国は「世界の供給網の中核パートナーになる」と参加者に訴えた。

これに先立ち訪問したアラブ首長国連邦（ＵＡＥ）では、原発や防衛産業、水素・太陽光エネルギーなど幅広い分野にわたり、ＵＡＥが韓国企業に３００億ドル（約3兆９０００億円）を投資することでＵＡＥ側と合意した。尹に同行した１００社余りの韓国企業でつくる「超大型経済視察団」の顔ぶれが耳目を集めた。約30社はサムスン電子、現代自動車、ＳＫグループなどの財閥総帥ら大企業のトップ。残りの約70社は中小・中堅企業の経営者が占める。ゲームコンテンツ、スマートホーム、観光サービス分野といった成長産業として有望視される企業も含まれていた。

22年の国際兵器市場では韓国が大きな話題を呼んだ。ポーランドが韓国から戦車を約１０００両、自走砲を６００門超、戦闘機を約50機調達する「爆買い」（軍事専門家）をしたこともあって、韓国防衛産業の海外受注額は前年の2倍以上に膨らんだ。日本円換算で2兆円を超える。世界を席巻するＫポップをまねて「Ｋ－兵器」と呼ぶ韓国メディアもある。

韓国製兵器の輸出先の上位国にはフィリピン、インド、タイなどが並ぶ。22年の韓国の兵器（装備品）輸出額は約１７０億ドル。21年の70億ドルから1年間で２・４倍になった。

ターニングポイントは、22年2月に始まったロシアのウクライナ侵攻だった。米国が日米を含む同盟国や友好国に対しウクライナ支援の要請や圧力をかけた。当初、韓国は宇宙分野などで協力関係を築いてきたロシアに配慮して煮え切らない態度をとっていた。しかし、国際世論がロシアに対して厳しくなると、同年5月に大統領となった尹のもとで、ロシアの隣国で危機感を募らせるポーランドなどに自国製品のセールス攻勢をかけた。ストックホルム国際平和研究所によると、韓国の18～22年における兵器輸出のシェアは世界9位。同研究所は「韓国製兵器に対する国際的な需要が増加している」と評価した。

「ディール」に強み

韓国が受注額を急速に伸ばした秘訣はどこにあるのか。韓国製は高品質の日本製に比べて割安でコストパフォーマンスに優れ、納品も早いと評価が高い。そのうえ、相手国のニーズに合わせた「オーダーメード」で心をつかむのは韓国企業の得意芸である。

特筆すべきは「ディール（取引）」のうまさだ。買ってもらいたい兵器を教育訓練やメンテナンスを含めたパッケージで売り込む手法だ。UAE訪問中に尹が駆けつけた場所の1つに、アラブ諸国で初の商業用原子力発電所として知られるバラカ原発と「アーク部隊」がある。バラカ原発は李明博政権時代の09年に韓国が初めて海外から受注した原発だ。一方、アーク部隊とは、11年に原発プラントを輸出した際にＵＡＥからの要請を受け、原発の警護要員としてＵＡＥの部隊を訓練するため派遣した陸軍特殊部隊の１００人を指す。アークはアラビア語で「兄弟」を意味する。アーク部隊は両国の軍事協力の象徴となっている。

当時の軍事協力に関する覚書・約定には、ＵＡＥで非常事態が生じれば韓国軍が自動介入するとの内容まで盛りこまれていたとされ、17年に発足した文在寅政権時代、韓国内で騒ぎになった。この軍事協力の内容が事実ならば、さすがに度が過ぎる気もするが、複雑な情勢下にある中東地域において資金が豊富なライバル勢に対抗するため、あらゆる手を使って売り込む韓国の商魂を見る思いがする。原発取引で関係を深めたＵＡＥは防衛装備品も韓国から買うようになった。韓国国防省によると、アーク部隊を派遣する前の5年間と派遣後の5年間を比べると、韓国のＵＡＥ向け防衛産業関連の輸出規模は30倍に増えた。

米韓関係に詳しい安全保障専門家によると、そのしたたかな販売戦略に一部の米企業から「やり過ぎ」との不満もあがっているほどだ。

もう1つのカギは相手国との「信頼」の醸成だ。韓国の車両メーカー、現代ロテムなどに大量発注したポーランドも、いきなり韓国製品を選んだわけではない。グループ企業の現代自動車がポーランドに進出した10年代から民需品の取引を通じて信頼関係を築いていた。ロシアと陸続きのフィンランドやエストニアも韓国製のK9自走砲を導入済みだが、ロシアが一方的にウクライナ領クリミア半島の併合を宣言した14年ごろから韓国は現地でのマーケティングに着手していた。

尹政権の公約は「2030年までに（世界へ）原発10基を輸出する」だ。ロシア製原発の採用を避けたいチェコやポーランドなどの東欧や中東の国々は、韓国勢にとって大きな商機のある市場に映る。「ウクライナ危機というピンチ（困難）をビジネスのチャンスに生かした」（韓国政府高官）というわけだ。尹が22年6月の北大西洋条約機構（NATO）首脳会議に望んで参加した背景にも、国際社会で韓国の存在感を高め、セールス外交につなげる狙いがあった。

韓国で、自国の防衛産業全体の稼働率を高めようと兵器を積極的に輸出する機運が高まったのは李明博大統領の時代だ。「グローバルコリア」を掲げた李が種をまき、多少の浮き沈みを経ながら国策として後の政権がバトンをつないできた。「これまで仕込んできたものが尹政権で一気に花開いた」と軍事専門家は解説する。意思決定が特に素早く、フットワークも軽い尹のキャラクターがプラスに働いている。

兵器などの防衛装備品をめぐる韓国の強みについて、同国の安全保障戦略に詳しいキヤノングローバル戦略研究所の伊藤弘太郎主任研究員に23年1月に聞くと「複合的な要因」があるという。「韓国政府は在外公館の駐在武官に命じ、相手国の防衛力だけでなく防衛装備品の情報や動向も把握させている。徹底的なマーケティング、企業による巧みなプレゼンテーションを重ね、関心を示した国と協力関係を築くのも韓国の特徴だ。国連平和維持活動（ＰＫＯ）にはいまも１０００人規模の要員を派遣し、海外で存在感を示しながら装備品を売っている」と話した。

日本は「10年、20年費やす覚悟」必要

尹は大統領選で当選した直後から「先端技術革新を大々的に支援し、科学技術をリードする国家として成長し、超低成長の危機に直面している韓国経済を再び成長軌道に乗せていく」と語っていた。先端技術革新は人工知能（ＡＩ）、ビッグデータ、ドローン（無人機）、宇宙分野などを指す。外国に兵器セールスで攻勢をかける一方、国内では陸軍を中心に、上記の先端技術分野を軸に大々的な改革を進行中だ。これは「第2の創軍」と呼ばれている。その底流には「圧倒的な技術力で北朝鮮を圧倒する」という保守政権のマインドがある。

日本政府も防衛装備品の輸出を促すため、ルール緩和に向け動きだしたが、前述の伊藤主

任研究員は「10年、20年を費やす覚悟が必要だ」と話す。「日本のモノは良いから規制緩和をすれば（外国のユーザーが）振り向いてくれると考えるのは大間違いだ。（韓国が）武器の売却に結びつく体制をどう整備してきたのか、ほかの国との熾烈な販売競争をどのように勝ち抜いたのか。それがわからないと売れない」「武器輸出プロジェクトを起点とした韓国の『国防外交』の展開が、単に経済上の利益を生むだけでなく、世界各国と防衛協力関係を構築している点は見習うべきだ」と指摘する。

したたかに国際販路を広げてきた韓国に日本は近年までほとんど注意を払ってこなかった。最近では日本の中央官庁でも、韓国の事例をあげて予算増や政策実現へのテコにする手法がはやりのようになっているが、重層的な取り組みをめぐる韓国との差は大きい。

ロビー活動もトップ外交

韓国の外交攻勢は防衛産業や原発に限った話ではない。国際社会におけるロビー活動でも発揮される。その威力をあらためて感じたのが、20～21年にかけて注目された世界貿易機関（WTO）の事務局長選挙だった。

当時、日本政府関係者は「見誤った」と表情をゆがめていた。日本の輸出管理厳格化措置をめぐりWTOを舞台に日本と争っていた韓国の候補者が、日本の思惑に反し最終選考の2人まで残ったからだ。20年10月の決選投票で加盟国からより多くの支持を集めた本命のナイジェリア人候補の背後に中国の影をみる米国はナイジェリア候補に反対したため、日本政府は二重の苦しみを味わう羽目になる。外務省幹部は否定するが、筆者には韓国の外交攻勢を甘く見ていたように思えてならなかった。

韓国人候補は政府の通商交渉本部長だった兪明希《ユ・ミョンヒ》。日本企業への賠償命令を確定させた韓国大法院の徴用工判決に反発する日本政府が半導体材料など対韓輸出品の管理を厳格化した際に「国際規範に合致しない」と日本に撤回を求め、WTOに提訴した韓国の責任者だ。WTO事務局長の辞任を受け、20年6月に立候補を表明した。日本政府は、兪がWTOのトップに就けば韓国との貿易紛争に不利に働くと懸念し早い段階で支持候補から外した。それでも8人が出馬したレースからいずれ脱落するだろうとの楽観論が政府内部では強かった。日本政府の関係者はそう振り返る。

その根拠となっていたのが、兪が閣僚経験者や政治家などの「大物候補」ではないうえ、韓国は組織票を持っていないとの分析だったという。一方で、韓国では文大統領が先頭に立って加盟国の首脳と立て続けに電話したり、親書を送ったりするなど政府を挙げて「兪支持」を世界に訴えた。大統領の電話と親書を合わせた数は約90カ国に上ったと韓国メディアは伝えた。選挙戦序盤で劣勢とされていた兪は、同国お家芸のトップ外交や官民一体の全面支援に後押しされて急速に他候補を追い上げていった。

なりふり構わない韓国外交を警戒する声は日本政府内にもあった。だが「韓国の候補に勝ち目はない」といった楽観的な見立てや、日韓対立を背景とした嫌韓ムードの高まりの前にかき消されたとの証言もある。選挙戦後半になると「世界各地の在外公館などを使って韓国人候補のネガティブキャンペーンに乗りだした」と明かす在外大使もいる。最終的に、164加盟国・地域を対象とした意見集約の結果、欧州主要国などが支持したナイジェリア元財務相のヌゴジ・オコンジョイウェアラが兪よりも多くの票を集めた。これを受け、WTOはオコンジョイウェアラへの推薦を決めた。報道によれば、兪への支持は60カ国余りとされ、北米や中南米、アジア、中東など韓国企業の影響力の強い地域がめだった。

国際機関のトップ人事で思い起こされるのが、06年10月に国連事務総長に当選した韓国の潘基文《バン・キムン》のケースだ。当時、筆者はソウルに駐在していたので経緯をよく覚えている。予想に反して潘がほぼ独走した舞台裏で、当初有力視されたライバルたちが国連安全保障理事会で拒否権を持つ常任理事国の国々に次々と嫌われ、結果的に穏健路線の潘が浮上するという国際政治の力学が働いた。日本政府は潘を「外交のプロ」「親米派」と評価しつつも、政府内には「潘支持」を当時の前首相、小泉純一郎の靖国神社参拝で悪化した日韓関係を改善するためのカードに使う思惑があった。

しかし、当時の国際政治情勢を読み切れなかったため、潘への明確な態度を示さないうちに当選が確実になってしまい、支持カードを切るタイミングを逃してしまったのが実態だ。「第2の潘基文の奇跡」を生もうとWTO事務局長選でも韓国政府はアクセルを踏んだ。兪の躍進については、先頭集団を走っていたアフリカ勢2候補による票の食い合いにも助けられた。国連事務総長レースと似た構図だ。日本政府は「国際機関トップ」「世界一」などに執念を燃やす韓国相手の外交に再び課題を残した。

在外同胞の政治力も強く

ドイツの首都ベルリン市ミッテ区が20年、区内の公有地に設置され、いったん撤去を求めた慰安婦の被害を象徴する少女像について一転、設置を「当面認める」と発表したことで日本国内が騒ぎになったことがある。現地で活動する韓国系市民団体が「少女像を守ろう」と裁判所に申請し、同区側の判断を変えさせたのだ。

海外の市民活動やロビー活動でパワーを発揮するのが、在外同胞と呼ばれる韓国からの移住者だ。韓国政府は外国に永住する韓国人や、韓国籍ではないが民族の血統を受け継いでいるとみなされる人を「在外同胞」と規定。その数は世界約180カ国・地域、約750万人ともいわれる。移民が集まって暮らすコリアタウンを世界各地で築くなど結束が強いことで知られる。尹政権は23年6月、在外コリアンへの支援を強化するため「在外同胞庁」を新たに設けた。韓国のある大学教授は「日本に植民地支配された経験などから海外でも個人よりも集団に属しているという意識が強い。民族的な観点から考え、行動しやすい」と話す。

欧米諸国は人権問題を重視する風潮が強く、その情緒に韓国系の運動団体は訴える。日米韓3カ国の関係においても、米国では韓国系米国人が社会と政治に浸透しており、その影響力はけっして過小評価すべきではない。

第　4　章

「アベ」を失った民心

1　安倍政治と韓国

「極右政治家」の象徴

第26回参院議員選挙の投開票日まであと2日と迫った22年7月8日、元首相の安倍晋三は奈良県での演説中に銃撃され、帰らぬ人となった。この訃報が韓国に伝わると、一介の日本人記者である私にまで韓国の知人からお悔やみの言葉がいくつも届いた。その姿に、個人の問題を国民全体の問題としてとらえがちな韓国の集団主義文化を感じつつ、この国にとって「アベ」を失ったインパクトの大きさを肌で感じた。

韓国で「アベ」は特別な響きをもつ。だからこそ標的にもなりやすい。保守系与党「国民の力」に羅卿瑗《ナ・ギョンウォン》という裁判官出身の著名な女性議員がいる。日本にも度々訪れ、筆者も東京で開かれた国際会議で席が隣同士になり言葉を交わしたことがある。国内では舌鋒《ぜっぽう》鋭く革新政党を追及するため保守層に人気があるが、大統領時代の文在寅を「金正恩の首席報道官」とからかったときは革新層の反発を招き、逆に親日派と攻撃され「安倍の首席報道官」とか、羅の名前を安倍（アベ）と掛けて「ナベ」などと呼ばれた。

韓国人の一般的な安倍観は、Ａ級戦犯容疑者だった元首相、岸信介の孫であり「歴史修正主義者」「極右政治家」とのレッテルに代表される。国民にもメディアにも安倍は右傾化する日本政治の象徴であり、巨大な存在だった。さらにジェンダーや性的マイノリティーへの差別的な表現が批判を受けた議員を重用したことも韓国内で安倍のイメージを悪くした。

摩擦が経済、安保に波及

日韓関係が「国交正常化後で最悪」といわれたピークは、おそらく19年8月22日、文在寅政権が日本との軍事情報包括保護協定（ＧＳＯＭＩＡ）の破棄を決めたときではないだろうか（後に「日本への破棄通告の効力を停止」に変更）。これに先立ち日本政府は日本企業に対する元韓国人徴用工への賠償命令を確定させた大法院判決への事実上の対抗措置として、半導体材料の対韓輸出管理の厳格化措置に踏みきっていた。日韓間の摩擦が歴史問題から経済、さらに安全保障分野まで波及した点で極めて深刻な事態に陥った。

筆者はＧＳＯＭＩＡ破棄決定のニュースに韓国で出くわした。日韓関係の立て直し策を話し合う国際会議に参加していたソウルで大きな衝撃を受けた。この直前に取材した韓国外務省幹部は「破棄だけはあり得ない」とはっきり否定していたし、国際会議の韓国側メンバーも青瓦台の決定に「想定外だ」「考えられない」と一様に動揺を隠せないでいた。

そのうちの1人に北朝鮮情勢と安全保障が専門の尹徳敏《ユン・ドクミン》（尹錫悦政権で駐日大使に就任）がいた。「日米韓の3カ国協力を揺さぶるような決定を喜ぶのは北朝鮮の金正恩だけだ。理解に苦しむ」。こうした尹徳敏のコメントを載せた急ごしらえの記事を翌日付の日本経済新聞1面用に仕立てて東京に送ったのを思いだす。

日本の輸出管理厳格化措置を契機に、それまで文在寅の経済運営や外交政策を厳しく批判してきた保守系メディアも矛先を日本に転じ、韓国社会が「反日」で一枚岩になった。「経済戦争が全面化」「破局へ追いやるアベ」――。首相として同措置を最終決定した安倍を批判する言説が韓国メディアにあふれた。左派系の市民団体や労働組合などの反政権勢力が結集して「民心」と呼ばれる国民感情をあおり、政権を突き上げるかたちで日本との2国間の取り決めを覆す。あのときと同じだ――。日韓ＧＳＯＭＩＡ破棄決定の一報に筆者は、15年末以降にソウルで目の当たりにした日韓慰安婦合意をめぐる騒動を思いだしていた。

この年の春、筆者にとって2度目の韓国勤務がスタートした。慰安婦問題をめぐり日韓の対立が泥沼化しているさなかだった。韓国の報道・ニュース番組で「アベ」という言葉を聞かない日はないと言っていいほどだった。そのほとんどが「首相」や「氏」などの敬称を付けず「アベ」と報じていた。革新系勢力が国内を反日で束ねるために「アベ」を積極的に利用したのが実態だった。

海外の政治家の中でも抜群の知名度をもつ安倍は、韓国で政治家やメディアの関心を一身に集め、元慰安婦の女性らを顧みない「極右政治家」の象徴に目されていた。当時は朴槿恵大統領時代だったが、朴政権発足の直前に、安倍が米国で「次期大統領の朴槿恵さんのお父さんは私の祖父（岸信介元首相）の親友でもあった」と紹介したことも韓国内でやり玉にあげられた。安倍にとっては日韓修復に努める考えを示す発言だったが、韓国では朴父娘の親日ぶりを証明するエピソードとして野党からの攻撃材料に使われたのだ。結局、朴父娘は2人とも在任中に一度も訪日できない大統領となった。

日韓は冬の時代が長く続いたが、15年11月に雪解けを迎える。安倍が日中韓首脳会談に出席するため韓国を訪問し、朴と日韓2国間では約3年半ぶりとなる首脳会談を開いた。翌12月に日韓両政府は慰安婦合意を交わした。このときだけは韓国メディアも「アベ」と呼び捨てでなく、「安倍首相」や「安倍総理」と呼んだ。安倍が日韓首脳会談後に随行者と食事したソウル市内の焼肉屋を後に何度か訪れたことがある。安倍が利用した部屋や席が一目で分かるようになっており、「客寄せ」に使われていた。

日韓にようやく訪れた「春」は短かった。反保守と反日を結びつけた慰安婦合意の抗議運動が各地で繰り広げられるなか、大統領選で政権交代が起こると、新たに大統領に就いた文在寅のもとで慰安婦合意はあっさりと白紙化されてしまった。

安全保障より「自尊心」

「重大な挑戦だ」「2度と日本に負けない」「政府が先頭に立つ」――。19年の韓国で、日本による対韓輸出管理の厳格化措置に対抗する反日運動の旗を振ったのは大統領の文在寅自身だった。米国の反対を押し切ってGSOMIA破棄決定に突っ走った選択は、韓国の安全保障には明らかにマイナスだったが、文の信任が厚い青瓦台国家安保室第2次長、金鉉宗《キム・ヒョンジョン》の記者団への説明には仰天し、常識では測れない韓国政治の恐ろしさを体感した。

金鉉宗は8月15日の文の光復節演説を持ち出して日本をこき下ろした。「われわれは日本に対話の手を差し伸べ、演説発表前には日本側に内容を知らせたのに、日本側は何の反応も見せず、『ありがとう』の言及すらなかった」「日本の対応は単なる拒否を超え、韓国の『国家的自尊心』を傷つけるほどの無視で一貫するなど外交的欠礼を犯した」――。

その言葉は、自国民の生命や安全を守る安全保障よりも、国家、民族のプライドの方が大事だ、と言わんばかりだった。「自尊心」を守った韓国政府の決定は国民に支持されると考えたのだろう。確かにこのとき市民団体など反政権勢力が用いた「経済戦争」というワーディングは、韓国の基幹産業である半導体が日本に標的にされた国民の心に突き刺さった。ソウル中心部で展開された反日デモで「NO！ 安倍」と書かれた巨大な横断幕が登場したのもこのときだった。

なぜ安倍と文は交われなかったのか。実は2人は日韓が小泉純一郎、盧武鉉両政権時代にそれぞれ官房長官、秘書室長という最も首脳に近い補佐役の立場で首脳外交の失敗をつぶさに見ていた。両国内で保守と革新を代表する力のある政治家同士が教訓を生かして手を結べば日韓に新たな時代をつくれるのではないか、「小泉・盧」は必ずしも悪い組み合わせではない。筆者はかつてコラムにこう書いたことが

「NO! 安倍」と書かれた横断幕を持って行進する反日デモ
（2019年8月、ソウル）＝筆者撮影

ある。

実際にはそうならなかった。文政権発足直後の17年7月、ドイツ・ハンブルクでの初の出会いこそ悪くはなかった。このとき筆者も文に同行取材したが、首脳会談の冒頭、安倍は「アンニョンハシムニカ」と第一声に韓国語を用いて会場の笑いを誘った。前夜の米大統領、トランプを交えた夕食会でも、安倍と文が相手の腕に手を添え満面の笑みで握手する写真が韓国メディアに載った。安倍周辺が「歴史問題を切り離す文は前大統領の朴槿恵より話しやすい」と語っていたほどだ。

だが、互いに角突き合わせるまでそう時間はかからなかった。日韓で対立する歴史問題と安全保障や経済などの協力を分離するとした文政権の「ツートラック」政策が破綻したからだ。「未来のために過去をたださなければならない」とあくまで「過去」の歴史にこだわった文と、「過去を断ち切らなければ未来は訪れない」と考える安倍の信念はまさに水と油で最後まで溶け合わなかった。何より「北朝鮮」をめぐる2人の対立は決定的だった。南北融和を最優先する文は北朝鮮指導部を敵視し圧力強化の必要性を訴え続けた安倍を、自らが主導する対北朝鮮政策と米朝対話にブレーキをかける張本人とみなした。安倍にとっても日本人拉致をはじめとする北朝鮮問題はライフワークだ。2人にとって絶対に譲れない一線が北朝鮮だったのだ。

日韓関係の破局を食い止める「安全装置」も機能しなくなって久しい。

現大統領、尹錫悦の外交ブレーンである国立外交院長の朴喆熙は日韓関係が「国交正常化後で最悪」と呼ばれていた19年の日本記者クラブでの講演で、最近の日韓関係について、①政府当局間を含めて意思疎通のパイプが極めて細くなった、②ともに「自分が正義、相手が悪」という善悪二元論に陥っている、③相手の価値を軽視し、「嫌韓」「反日」の流れを止められない――と指摘。「日韓関係が難しくなった」と話した。

超党派でつくる議員連盟や自民党の外交部会・外交調査会は一昔前まで、政府間交渉が行き詰まると韓国との議員間のパイプを使って独自に解決策を探り、軟着陸に導く緩衝材の役割を果たしてきた。なかでも日韓議連は首相経験者ら大物政治家が会長ポストに就いてきた議連の名門で政府間の窮地を幾度となく救ってきた。しかし、自民党内の世代交代や政府機構改革などによって党の存在感が低下し、日韓議連もすっかり影響力を失った。

こうしたなか、今後の日韓関係を占う意味で日本でも注目される人事があった。23年3月、日韓議連の新たな会長に前首相の菅義偉が就任した。首相経験者の会長就任は13年ぶりだ。安倍首相時代に内閣の要である官房長官を長く務め、韓国との外交の酸いも甘いも知る菅は徹底したリアリストでも知られている。菅会長について韓国政府高官は筆者に「(22年11月の)麻生太郎元首相が訪韓し尹大統領と会談したのに続く日韓関係への良いシグナルだ」と評価してみせた。

「日韓は経済的にも、安全保障上も極めて大事な隣国だ。両国の友好発展に取り組む」と決意を語った菅は日韓外交のキーパーソンになり得る。日韓外交で岸田が思い切った決断に踏みきり、党内や支持層を抑えなければならないときにこそ菅の真価が試される。

それでも党内を束ねるうえで安倍の代わりになるのは難しいだろう。韓国は安倍を「極右政治家」と蛇蝎のごとく嫌った。一方で自民党最大派閥を率い、日本の保守層をまとめられる安倍の抜きんでた実力を認め、対日外交の羅針盤にしていた。大統領選に当選した尹が就任前に日本に派遣した政策協議団が安倍との面会を強く希望したのもそのためだ。その際は安倍も面会に応じた。

安倍に限らず、日本の政治家による韓国への厳しい言葉遣いに「もう少しうまい言い方があるのではないか」と思ったことは1度や2度ではない。一方で、安倍があれだけ強く押し込んだからこそ韓国が日本の本気度や事の重大性に初めて気がつき、その結果として尹政権による様々な対日政策の転換につながったとみることもできる。

「アベ」の喪失は韓国にも複雑な波紋を広げている。「日本で実際に外交・安保の議論をリードしているのは誰か」「誰と話せば岸田首相に届くのか」――。安倍の死後、韓国のあちこちでこうした戸惑いの声が漏れている。

安倍構想への追随もためらわず

尹の大統領就任はアベにとらわれてきた韓国政治に風穴を開けた。22年12月28日に公表された韓国初の包括的な外交・安全保障指針「自由・平和・繁栄のインド太平洋戦略」は、「台湾海峡の平和と安定が、朝鮮半島の平和と安定に重要」と明記し、韓国で台湾と朝鮮半島のリスクを結びつけた初めての文書である。台湾有事に備え、自由や人権を重んじる国々と手を携える決意や、台湾海峡および近海の安定が自らの平和に欠かせないとする韓国自身の問題認識を盛り込んだ。

「インド太平洋戦略」という名称を使ったこと自体が韓国政府の大きな変化を物語る。「自由で開かれたインド太平洋戦略」という言葉の生みの親は日本の安倍であり、米国によって広まった概念だ。「台湾有事は日本有事」と語っていた安倍は国際社会に同調を呼びかけた。

安倍と激しくやり合った文大統領時代は同構想と距離を置きたいとの意識が韓国政権内に

浸透していた。その点、尹は日本や安倍へのわだかまりが全くない。文前政権はインド太平洋戦略に対し「中国囲い込み」と猛反発する中国政府に配慮して終始、消極的だったのに対し、尹政権は韓国独自の外交文書で堂々と打ちだした。感情よりも戦略を重視する尹らしい決断だ。岸田文雄政権時代に日韓両首脳の手を結ばせたのは、緊迫する安全保障情勢への危機感だが、日本側も尹の覚悟を認めるほかなかった。

2 重石なき自民の漂流

「宏池会」宰相の虚実

２０２１年秋、韓国の政治・外交関係者の間で「コウチカイ」がちょっとした流行語になった。元首相、池田勇人を始祖とし、現首相の岸田文雄が会長を務める自民党最古の名門派閥「宏池会」のことだ。党の保守本流でリベラル派、ハト派としても知られる。岸田首相なら「戦後最悪」の日韓関係も大きく動くのではないか——。そんな期待感が韓国を包んだ。

しかし、就任後は防衛費の大幅増額、「反撃能力」の保有決定といった安全保障面での大胆な政策決定が相次ぐ一方で、対韓政策に関しては目立った変化を示さなかった。国会での演説の言い回しを従来からわずかに修正する程度で、最大の懸案である元徴用工問題をはじめ安倍政権からの路線を踏襲した。韓国でも次第に岸田を「タカの背中に乗ったハト」（韓国政府関係者）とみなす冷めた目が増えていった。

自民党内の空気が影響した。日韓慰安婦合意がトラウマになり、「韓国に2度とだまされるな」が党内で合言葉のようになっていたからだ。岸田自身、慰安婦合意当時の外相として韓国外相と並んでソウルでの記者会見で合意内容を発表した当事者だけに「同じ失敗は繰り返せない」という思いが人一倍強い。筆者も首相就任前の岸田から議員会館の自室でその無念を直接聞いたことがある。

就任後も党側の意向に沿ってきた。安倍の生前、岸田はことあるごとに安倍に意見を求めた。それは首相になっても同じだった。自らを外相や党政調会長など政権の要職に引き立ててくれた安倍への気配りを怠らなかった。

首相辞任後も発言力を強めていた安倍は岸田にはおそらく厄介な存在であったに違いない。同時に、党内をまとめるうえで重石《おもし》の役割を担ってくれた頼りになる人物でもあった。2人は1993年の衆院選で初当選した同期だ。安倍は党内をコントロールするためソフトなイメージの岸田を利用し、岸田もまた安倍の政治力を利用したといえる。

岸田は前首相、菅義偉に対してもそうだ。菅が岸田批判とも受けとられる発言をしたときも、あえて菅のもとに出向き、教えを乞う姿勢をとった。「敵をつくらない。メンツにこだわらない。それこそが岸田だ」と周辺は語る。

「安倍なき安倍派」に配慮

安倍の死去が岸田や自民党に及ぼす影響については2つの読みがあった。1つは岸田の政権運営の自由度が増し、党側を気にせず思い切った政策を打ち出せるようになる。もう1つは自民党の右派を制御できず、党内を収められなくなるという懸念だ。

韓国政府内では後者の見方が多かった。「安倍がいなくなった日本政界では、保守派議員がそれぞれ安倍イズムの後継者を名乗って韓国への毅然とした態度を競い合い、社会もさらに右傾化していく」といった警戒感だ。

それは杞憂《きゆう》ではなかった。韓国の調査船が竹島周辺にあらわれたり、韓国軍が竹島周辺で訓練したりするたびに自民党外交部会では参加メンバーが説明役の官僚を突き上げるのが日常茶飯事となった。韓国で日本との早期の関係改善を訴える尹錫悦が大統領選で当選しても、外交部会などから「複雑骨折した日韓関係は保守政権が誕生したから簡単に改善するという夢想は捨てた方がいい」「日本の方から譲歩するなど前のめりの対応は絶対にしてはいけない」などと政府をけん制する発言が相次いだ。

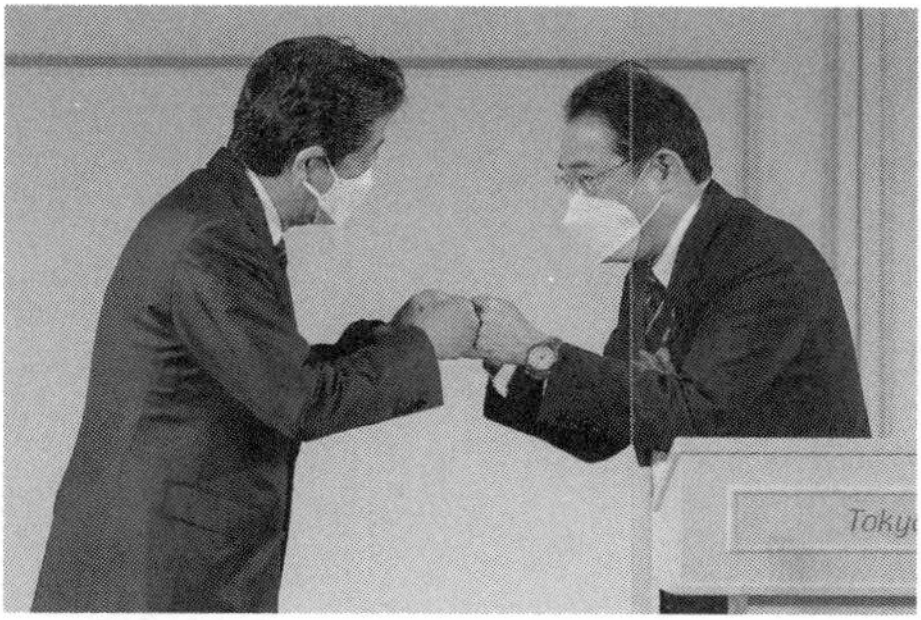

自民党安倍派のパーティーで岸田首相（右）とタッチを交わす安倍元首相（2022年5月17日）＝共同通信社

安倍の死後、残された安倍派（清和政策研究会）メンバーは跡目を決めず、安倍派の名称も変えなかった。後継者の一本化を強引に推し進めれば空中分解しかねないという保身策で、「安倍ブランド」に頼る道を選んだ。安倍は生前、憲法改正、財政、安全保障を重視したが、その3分野では安倍派メンバーは結束を強めて影響力を誇示する。岸田派は40人余りの党内第4派閥に過ぎず、安定した政権運営には100人規模の勢力を誇る最大派閥安倍派への配慮を続けざるを得ない。

政府は22年末、向こう5年間の防衛費の総額を43兆円程度とする方針を示し、27年度時点で1兆円強を増税する案を公表した。増税を含めた財源の確保にこだわる岸田に対し、国債増発論の安倍派はかみついた。閣僚の西村康稔や高市早苗も増税反対の隊列に加わり、野党から「閣内不一致」との批判を浴びた。このころ自民党政調会長の萩生田光一と参院幹事長の世耕弘成が相次ぎ台湾を訪問したのも、「ポスト安倍」への意欲の表れと受けとめられた。

22年7月の参院選で自民党が大勝し、岸田には日韓関係で指導力を発揮できる環境が整ったが、保守層のまとめ役だった安倍がいなくなり、岸田は安倍派にいっそう目配りしなければならなくなった。

党内の強硬派は安倍派に限らない。閣僚経験者の1人は「党の部会では中韓に対する若手の強硬論が目立つ」と眉をひそめる。日韓関係を長年ウオッチしてきた韓国政治の専門家は次のように解説する。「戦前、戦中を知る時代の日本の政治家は植民地支配への負い目や贖罪意識を持っていた。一方で戦後世代の議員は歴史問題を持ち出して道徳的優位に立とうとする韓国への違和感を抱き、いつまで償いを引きずらなければいけないのかという不満が強い。かたや韓国も国力が強まって自信を持つようになり、日本に遠慮しないようになった」。

安倍の死去を受け、ソウルの日本大使館を弔問に訪れた尹錫悦は弔問録に「最も近い隣国である韓国と日本が今後緊密に協力することを望む」と記帳した。安倍と日韓議員の親善活動で面識のあった外相の朴振《パク・ジン》は記者団に「(安倍から) 色々と良い助言を聞きたかった」と話した。本音だろう。

慰安婦白紙化後、強硬に

「安倍政治」をどう検証するか。それは日韓関係にどんな影響を及ぼしたか。現大統領、尹錫悦に近い保守派の要人は韓国側からとらえた2つの視点を示す。「安倍は韓国に妥協するな、日本の主張を貫けという強硬派を日本の政界に広げた」「どんな案でも安倍がのめば保守派は誰も文句を言えず自民党内をまとめられた」。

19年6月に大阪で開催された20カ国・地域首脳会議（G20サミット）で安倍は文在寅との首脳会談を見送った。元徴用工判決をめぐる文の対応への不満が原因なのは明らかだった。安倍は新潟県の「佐渡島の金山」の世界遺産登録問題をめぐり、これに反対する韓国との対立を「歴史戦」に例えたこともある。慰安婦合意を韓国側に蒸し返されてから安倍の姿勢は目に見えて強硬になった。

ただ、それで安倍政治のすべてをわかったことにはならない。筆者は安倍が93年の衆院選で初当選した前年に日本経済新聞に入社しすぐに政治取材を始めた。1年の短命で終わった第1次安倍政権期には首相官邸担当のキャップを務め、その後も永田町とソウルで安倍のアジア外交をウオッチし続けてきた。その経験から政治家・安倍のリアリストの一面も知っている。

2013年末、安倍は自身の公約だった靖国神社への参拝に踏み切った。A級戦犯合祀《ごうし》への批判などから中国や韓国が反発し、米国も「失望している」との声明を出す事態に発展すると、以後、首相在任中の参拝は避けた。元首相の小泉純一郎が首相の間も毎年、靖国参拝を続けたのとは対照的だった。

15年当時に朴槿恵政権との間で最大の懸案だった慰安婦問題に関する日韓政府間合意をまとめたのは大きな意味がある。合意では、日本政府が責任を痛感し、安倍は日本の首相として心からのおわびと反省の気持ちを表明した。歴史認識問題をめぐる首相就任前の安倍の言動を振り返れば、この合意内容は驚かざるを得ない。安倍にとっては苦悩を伴う韓国への大きな譲歩だったに違いない。しかも慰安婦問題をめぐる歴代政権の取り組みを批判してきた安倍が受け入れた合意だからこそ、国内保守層の不満を抑えられた事実は重い。

安倍は、朴を継いだ革新系の文在寅政権時代にも、自民党支持の保守層の反対を押し切るかたちで平昌冬季五輪の開会式に合わせて訪韓し、文との首脳会談に臨んだ。第2次政権以降、保守政治家のイデオロギーと内政、外交の随所でのぞかせたプラグマティズム（実用主義）の両立は、日韓や中国を含んだ東アジア地域で、決定的な対立が偶発的な衝突に至る最悪の事態を未然に防ぐ危機管理の役割も果たした。

23年5月8日、自民党幹事長、茂木敏充の定例記者会見。前日の日韓首脳会談で首相の岸田文雄が元徴用工問題に関し「当時、厳しい環境のもとで多数の方々が大変苦しい、そして悲しい思いをされたことに心が痛む思いだ」と語ったことへの受け止めを聞かれた茂木は「韓国側の前向きな対応も踏まえ、日韓関係を健全な関係に戻すためのものと受け止めている」と指摘。会談結果についても「日韓関係改善の動きが軌道に乗ったことを確認することができたと高く評価している」と述べた。ふだん韓国への強硬論が飛び交う場となっている自民党外交部会の会合でも岸田発言への異論は出なかった。「反省と謝罪」には触れないという一線を守りつつ、韓国国民に自らの思いを伝えた岸田の外交術は党内にもおおむね受け入れられた。

第1章で触れたように元徴用工らに「心が痛む」との表現はかつて安倍も元慰安婦らに使っている。それでも安倍の言葉が韓国人の記憶に残らなかった一方で、岸田の場合は一定の韓国人の胸に刺さったのはなぜか。これについて日本政府高官は、①岸田首相はソウルでの記者会見で韓国国民に直接語りかけた、②韓国人の間には「歴史修正主義者」とみる安倍元首相の「地金」への抜きがたい不信感がある――の2点を挙げる。そのうえで「日韓慰安婦合意など対韓政策でよほど大きな決断をしたのは安倍氏の方だったが、韓国の人々が『アベ』という固定観念から抜け出せなかった」と話す。

3　メディアは「反日」守旧派か

政治と一体化する対日報道

2023年3月17日、来日中だった韓国大統領、尹錫悦の慶応義塾大学での講演内容に韓国の革新紙ハンギョレが社説でかみついた。やり玉に挙げたのは、尹が明治時代の日本人思想家、岡倉天心の言葉を使ったことだった。「韓日未来世代講演会」と題する講演会で、尹は日本の大学生らを前に岡倉天心の「勇気こそが命の鍵」との言葉を引用しながら、両国民に必要なのはより良い未来をつくるための勇気だと述べた。これに対し、同紙は、岡倉天心は「朝鮮はもともと日本の領土」と主張した人物だと指摘し「『総体的屈辱外交』にほかならない」と問題視したのである。

別の記事では「岡倉天心は典型的な朝鮮蔑視論と侵略論の持ち主であり、植民地支配に積極的に賛成した人物」などとする韓国の大学教授のコメントを詳しく紹介した。これらの指摘を踏まえ、韓国国会で革新系野党議員から追及された外相の朴振は「日本の若者に勇気は生命の鍵というメッセージを伝達したことが重要な部分だと考える」と釈明に追われた。

「勇気こそが命の鍵」はまさにこれからの日韓双方に求められるカギだろう。この記事の賛否はそれぞれだろうが、個人的には、韓国大統領と日本の学生が交流するというせっかくの機会に水が差されたと残念な思いを禁じ得なかった。

韓国では、首相の岸田文雄が尹を夕食会の2次会でもてなした銀座の老舗料理店は「王妃閔妃殺害の年に開業した理由で選定された」などの偽情報も流れた。韓国では、尹政権が日韓関係の改善を大胆に進めるなかで、その路線を支持する保守系メディアと、慎重な革新系メディアのコントラストが鮮明になっている。

「嫌韓」「反日」と視聴率

メディアの報道のあり方が日韓関係を左右する。これは両国にあてはまるだろう。

「嫌韓」「反日」報道は視聴率アップにつながるか――。日韓関係が「国交正常化以後で最悪」と呼ばれていた頃、両国の多くのメディア関係者が参加した都内でのセミナーで、こんな話題をめぐって議論を交わしたことがある。

まず日本のテレビ局からの参加者が「日韓問題は確実に視聴率が上がる」と口火を切った。ラジオ番組でも「効果てきめん」だそうで、米国や中国、欧州といった地域の話題に比べて聴取率（ラジオの場合はこう呼ぶ）が3倍になり、インターネットの記事のアクセス数では5～10倍は跳ねあがると聞いて驚いた。当時は日本人の間で韓国への関心が急速に高まっていた時期で、メディアが取りあげる韓国関連のテーマは外交関係にとどまらず、マニアックとも思える韓国の内政や社会情勢まで広範囲に及んだ。

新たな疑惑がどんどん表面化するため「タマネギ男」と日本で呼ばれた元法相、曺国をめぐる問題もその1つだった。テレビ各局が当時の大統領、文在寅の最側近にまつわるスキャンダルを報道番組のみならずワイドショーでも競って大きく取りあげた。ラジオ番組までがソウルから生放送するほどの熱の入れようだった。

同セミナーに参加した日本の民放テレビ局幹部は「曺国問題はワイドショーで視聴率がとれる」と打ち明けた。気になるのは報道内容だ。その幹部は「根底には国民の『知りたい』

という思いがある。なぜ日本人が理解できない行動を文大統領はとるのか、なぜ曺国を守ろうとするのか、韓国では検察改革がなぜあれだけ国民から支持されるのか。それらをメディアが伝えることで日本人が韓国を知ることになる」と説明する一方で、「韓国をおとしめたり、文大統領を批判したりする側面があるのは事実」とも語った。

かたや韓国側はどうか。セミナーに参加したテレビ局の幹部によると、「『日本たたき』も視聴率が上がる」という。「韓日関係はデリケートなので報じる際に表現を間違えると激しい批判の声が上がる」とし「報道には非常に負担を感じる」と悩みも漏らした。一方で「最近は韓国も変わってきており、反日ネタは昔ほど効果がない」のだという。

韓国の「言論」（韓国ではメディアをこう呼ぶ）は苦難の歴史だ。身分が固定された朝鮮王朝時代から日本統治時代は言うまでもなく、日本からの解放後も軍事独裁時代には言論活動が厳しく制限された。その反動もあって、１９８７年の民主化後、韓国メディアは国内で大きな存在感と影響力を持つようになって現在に至る。

対日報道の厳しさはかつて抑圧された過去に原点があるのだろう。韓国大手紙で編集局長などを歴任したメディア界の重鎮から次のような話を聞いた。「80年代に新聞社に入社すると、先輩から『日本と北朝鮮に関してはどう悪く書いても構わない』と言われた。当時、日

保守系と革新系のコントラストが鮮明になっている韓国各紙
（2023年5月7日の日韓首脳会談の翌日の朝刊）

本に有利に働く記事は書きにくく、国内の反日運動団体のことも悪く書けなかった」「ただ、そうした時代に比べると、最近は日本に好意的な記事が増えている。反日運動団体も問題があれば批判するようになった」と韓国側の変化に言及した。

日本への歩み寄りを韓国政府に求めるような主張を展開できるのは一部の論説委員や編集委員クラスが中心で、日々の紙面作りは韓国側の主張が全体を支配している。韓国の大手メディアの多くは、部長は50代、デスクは40代、現場の中核記者は30代といった年齢構成になっている。50代は１９８０年代の民主化闘争に学生として参加した世代。40代と30代は民主化教育の影響を色濃く受けており民族意識が強い。これら30～50代は韓国の世論調査で革新政党支持者が多く、歴史問題をめぐり日本に特に厳しい世代である。そんなこともメディアの論調に影響している可能性があると40代の韓国紙記者は分析する。

40代の革新系メディアの記者は「韓国人の国民感情とアイデンティティーも記事に反映する」と認め、「世論の反応を気にする癖はなかなか直らない」と話した。

日韓関係が大きく悪化していた時期に、日本の書店には韓国を批判的に扱う書籍や雑誌があふれていた。「売れる」という理由が大きかったのだろう。メディアにとって、報じた記事や情報に触れてもらうのはもちろん大事だが、「読まれる」や「売れる」だけを目的にして日本人の嫌韓感情をあおるワナにはまらないようにしなければならないのは言うまでもない。それは韓国メディアも同じだ。「メディアが襟を正さなければ日韓関係はよくならない」。セミナーの参加者から自戒の言葉が飛びだした。同感だった。

「社長が代われば報道も変わる」

韓国のテレビ局は社長が代われば報道のトーンも変わるというのが定説だ。3大地上波テレビ局のうち公共放送のＫＢＳや公営放送のＭＢＣのトップの人事は政府が関与する仕組みになっており、政治の影響を避けられない。知り合いの韓国人記者によれば、ある韓国メディアは記者の間で、例えば「西軍」「東軍」といったように保守派と革新派（韓国では進歩派と呼ぶ）で色分けされている。保革の政権交代に伴い社長が交代すると同時にどちらかのチームがまとまって現場に投入され、代わりにもう片方が現場から去って編集局以外の部署に異動したり、外国に留学したりする。中には退職に追い込まれるケースもあるのだという。記者の間でも保守と革新の理念が分かれているので書く内容も変わってくる――。そんな話を聞いてにわかに信じられなかった。日本の場合、多くの政治記者はイデオロギーや主張の異なる様々な政党を担当しながら経験を積んでいくからだ。韓国はメディアや司法までもが政局のプレーヤーになっているのが特徴だ。

どの政権期に組織の要職に就いていたかを調べれば、その人物の政治的なカラーを見分けやすい。大統領選によって政権交代すると中央省庁をはじめ政府系機関の幹部がガラッと入れ替わるからだ。しかし、任期付きのポストなら別だ。尹政権が悩んでいる1つに人事問題がある。文時代に決まった人事は任期の途中であればよほどの理由がない限り、ポストから引きはがしてむりやり差し替えるわけにはいかない。尹政権に対し韓国のテレビ局が厳しい姿勢で臨むのもそうした事情があると聞いた。22年5月の尹政権発足から7カ月たったころ、韓国紙に「公共機関役員ポストの86%は文政権関係者」と書かれた記事が掲載された。保守派の要人は「人事がすべてそろうまで政権発足後1年半か2年かかる」との見通しを述べる。

韓国では87年の民主化宣言以降、国民の間で政府が重視すべきだと考える対象が、国家から個人、イデオロギーから人権と変化していった。軍事政権時代のように政府が国民を強引に押さえつけられなくなっている。尹政権を敵視する左派・革新勢力は2024年4月の総選挙（一院制の国会議員選挙）に向けて、元徴用工問題や東京電力福島第1原発の処理水の海洋放出問題といった対日政策を攻撃材料に据え、争点化を狙っている。

一方で韓国紙のベテラン記者は「日本との関係が悪くなると韓国側に損が大きいことを国民も学んだ。同じような反日行動には出ないだろう」と予測する。個人的には、新しい日韓関係づくりには双方の世論とともに、それに影響力をもつメディアの役割が高まるとみている。何を優先すべきなのかを考えて行動する日韓関係の「成熟度」が試される。

4 「日帝アレルギー」の現在地

「ノージャパン」はなぜ広がったか

前述したように、2019年8月、当時の文在寅政権が日本とのGSOMIAの破棄をいったんは決めたとき、筆者は国際会議出席のため韓国にいた。その翌日、市民や街の様子を取材しようと重い心を引きずったままソウルのベッドタウン、京畿道富川《プチョン》市まで足を延ばすと、想像以上に「NO（ノー）ジャパン（日本製品不買）」運動が広がっている実態に憂鬱な気分になった。

同市の中心部に安重根公園がある。中に入ると、1909年（明治42年）の中国・ハルビンでピストルを握った安と、銃撃され周りの人々に抱きかかえられる伊藤博文を描いたレリーフや、安の石碑など安にまつわる多くのモニュメントが立ち並んでいる。元慰安婦を象徴する少女像も置かれていた。ソウルの日本大使館前で見慣れた椅子に座った格好ではなく、後ろ姿の珍しいデザインだ。

園内でひときわ目立っていたのが、近くの木々に張られていた大きな横断幕だった。ハングルで「NO経済侵略！　第2独立運動宣言」と書いてある。この1カ月前に日本政府から韓国が受けた半導体材料の輸出管理厳格化措置を非難している。間違いなく左派系の市民団体の手によるものだが、「あー、やはりそうきたか」と思わずつぶやいてしまった。「侵略」や「独立運動」といった表現は、日本に統治された経験を持つ韓国人の感性に鋭く訴えるからだ。過去と現在の日本の「蛮行」を公園内でシンクロさせて、反日の相乗効果を狙う戦術が手に取るようにわかった。

安重根が伊藤博文を暗殺した様子を描いたレリーフ
（京畿道富川市）＝筆者撮影

　この前日、ソウルのホテルで開かれたセミナー「日韓フォーラム」の韓国側メンバーの1人で、日本政治を専門にする学者が「国内で私たちが批判される場合、最近は『土着倭寇《わこう》』と呼ばれるようになった」と嘆いていた。この言葉は自生的な親日派韓国人を意味する。例えば、テレビ番組や論文で日本の重要性を唱えたり、日本との協力を呼びかけたりすると、反日主義者から「反日感情を抱かない人物」として「親日」「土着倭寇」のレッテルを貼られるのだという。日本の輸出管理厳格化措置から風当たりが一段と強まったとのことだった。

韓国の独立は第2次世界大戦後に自ら勝ち取ったものではなく、日本の敗戦で解放されたことへの複雑な思いが多くの韓国人の心に残っており、日本や北朝鮮との関係にいまだに影を落とす。知り合いの韓国人ジャーナリストによると、韓国政府高官が使った「日本に国家の自尊心を傷つけられた」というメッセージもひとえに国民向けであり、「外交戦争」「経済戦争」との表現は「日本との戦争に勝ちたいという積年の願望の表れ」なのだという。

気になる他人の視線

安重根公園を離れ、すぐそばの大型商業ビルに入居しているユニクロとABCマートの店舗をのぞいてみた。当時、韓国で不買運動のターゲットになっていた日本企業だ。懸念していた通り、平日の昼下がりの店内は閑散としていた。

日本製品の不買運動に参加しているという30代の韓国人男性に理由を尋ねてみた。「日本製は品質が好きでよく買っていたが、最近は日本に関するニュースが頻繁に流れるので、周りの目が気になって店内には入れない」という。

繁華街に構える日本のカレー店や、日本語で店名が書かれたラーメン店も同様だった。店員や地元住民に様子を聞いてみると、やはり売れ行きが大きく落ちこんでいると教えてくれた。たまに買い物客の姿を見つけても、その多くが中国や東南アジアなどからの外国人観光客だった。

一方でその日、利用したタクシーの運転手さんらは「国と国との関係と人と人との関係は別物だ」「どの国にも良い人間と悪い人間がいる。韓国もそうだ」と異口同音に語っていた。観光客を相手にする商売という事情を差し引いて聞く必要があるが、日韓の企業同士は良好な関係を保っているし、個別に話すと、日本に感情をあらわにする文政権の振る舞いを冷ややかに見つめる韓国人も少なくなかった。日本への怒りを抑えきれないという市民は実は少数派なのだ。インターネット情報やSNSで反日が拡散しているなかで、大半の人は他人の視線や空気を気にしながら不買運動に加わっているとの印象を受けた。

韓国政府が日韓GSOMIA破棄を決定した日、世論調査機関の韓国ギャラップが公表した文大統領の支持率は、前週比3ポイント下落の45%で不支持率（49%）を下回った。不支持の理由のトップは「経済や生活問題の解決が不十分」だった。

革新系の「聖域」に挑んだ尹

韓国で誰もが異論を唱えにくかった「反日・抗日」に真っ向から挑んだのが、「反骨の検察総長」の異名をとった現大統領の尹錫悦である。

それは大統領選から始まった。出馬の記者会見で、対日政策を「反日」VS「親日」のフレームでとらえる韓国政界の旧習に対し、逆張りのスタンスで臨んだ。とりわけ物議を醸したのが、「外交は実用主義、現実主義に立たなければならないのに、理念偏向的な『竹槍歌《ちくそうか》』を歌っているうちにここまで来てしまった」との発言だ。文在寅政権の対日政策を痛烈に批判するなかで飛びだした。

「竹槍歌」は、朝鮮王朝末期の19世紀末、日本の侵略を退けようとした東学農民の反乱をたたえる歌だ。韓国内では抗日の精神や愛国心を高めるとされ、革新層の「聖域」に位置づけられている。19年に日本政府が踏みきった対韓輸出管理の厳格化措置に韓国社会が日本製品の不買運動で対抗した際にも、竹槍という言葉がよく使われた。尹は、竹槍歌に象徴される文外交はイデオロギーばかりにとらわれて現実世界を無視した結果、日韓関係をめちゃくちゃにしたと酷評。「日本とは未来世代のために実用的に協力しなければならない」と訴えた。

案の定、ライバルの革新候補やその支持層はその発言を大いに問題視した。日本が輸出管理を強化した際に竹槍歌をフェイスブックに投稿した元法相の曺国は、「日本政府と類似する歴史認識に驚愕《きょうがく》する」と尹をこき下ろし、竹槍歌を再び掲げた。革新系の政治家であり韓国政界随一の知日派である元首相の李洛淵《イ・ナギョン》も「その部分（竹槍歌への批判）で自分の目を疑った」「歴史認識が浅はかだ」と曺に同調した。

尹はひるまなかった。放射性物質への懸念から韓国内で反発がすさまじかった東京電力福島第1原子力発電所の処理水の海洋放出計画をめぐっても、日韓両政府が各国と協力して透明性を確保しながら進めなければならないと指摘。「過去に大きな問題とみなしたことはなく、政治的な次元で見る問題ではない」と踏みこんだ。これには尹陣営のメンバーも「そこまで言うとは」とあっけにとられたほどだ。尹はとどまるところを知らない。韓国社会には旧日本軍を想起させるとして自衛隊への拒否感がいまだ強いなかで、尹は日韓の外務・防衛担当閣僚会議（2プラス2）の創設まで提案した。

韓国がつくり上げた「親日か反日か」「加害者と被害者」といった枠組みから抜け出せなかった日韓関係の長年の因縁に大統領自らが終止符を打とうとする尹の挑戦は意義が大き

い。その挑戦は無謀ではない。韓国社会に閉塞感が強まるなか、古いイデオロギーや感情より、実利優先の合理性をアピールする方が現実主義の若者を取り込めると考えたのだろう。

伝統的な反日は「加齢臭」

実際、若い世代の意識は変わっている。韓国紙、東亜日報が2022年8月、中韓国交正常化30年にあたり世論調査会社に委託して20〜30代を対象に実施した世論調査によると、韓国人の米中日朝4カ国に対する好感度（最高は10点）は1位が米国（6・76点）、2位が日本（3・98点）、3位が北朝鮮（2・89点）で、中国は最下位の2・73点だった。歴史認識をめぐる韓国人の対日観は厳しいが、日本との関係改善を求める声もまた思いのほか強い。

早稲田大学の深川由起子教授は日本経済新聞の「Think!」（23年3月4日）に次のように投稿している。「韓国の内政に影響力が強いのは日本とは違って行動する40代以下なので、少なくとも伝統的な反日はこの世代には加齢臭の漂うものでしかなくなってきていると思います。国際秩序の大転換期にある大局観は日韓共に必要ですが、日本側も加齢臭のある感情論に陥っていないか、点検する必要はあるように思えます」。

韓国の政権交代によって日本に友好的な大統領が登場すると、韓国内の「ヌンチ」も大きく転換した。「ヌンチ」とは韓国でよく使われる言葉で、「ヌンチを見る」は、日本の「他人の視線を気にする」とほぼ同義語だ。大半の韓国人は日本製品も日本旅行も好きだが、文政権下で大統領から「日本に負けるな」と号令をかけられ、空気を読まざるを得なかった。集団主義といわれる韓国ではとかく対日政策で同調圧力が強まる。日本への対決姿勢を演出していた韓国メディアが論調を変えたこともあり、大統領選を境に韓国内で日本の輸出管理厳格化措置の話題はほとんど消えた。

その頃、韓国社会には「反日疲れ」ともいえる状況がみえていた。各種世論調査で、日韓関係を改善すべきだとの回答は全体の8割を超えた。韓国世論はそれまで「日韓関係の悪化は自分たちに責任はなく、日本に一方的に非がある」との回答が圧倒的に多かったが、「韓国政府にも問題がある」と答える韓国人が若者を中心に増えている。「反日疲れ」に加え、国に余裕や自信が出てきたとの見方もできる。これも興味深い韓国社会の変化だ。

韓国は外交・安全保障政策で米韓同盟を基軸としつつ、米国、中国、日本、旧ソ連という「周辺4強」に運命を翻弄された歴史を教訓に、大国との外交ではできるだけバランスをとろうとする国民のならいがある。韓国社会の嫌中・反中感情の急速な高まりは第3章で詳述したが、「日中の両方を敵に回せば小さな韓国はもたない。最近は国民の怒りが中国に向けられており、間接的に日韓関係に良い影響を与えている」(韓国経済紙記者)との分析も面白い。

日本側にも見逃せない変化が起きている。尹の決断とその後の日韓首脳会談は、自民党内の「韓国アレルギー」を薄める効果ももたらした。自民党政権にとって韓国との外交は長らく「リスク要因」(首相官邸関係者)としてとらえられてきた。それは支持層である保守層の間で韓国への厳しい見方が支配的だった事情が大きい。しかし3月の東京での日韓首脳会談後に岸田の支持率が上振れしたことで首相官邸に発想の転換をもたらした。5月の岸田訪韓に先立ち政府が輸出管理厳格化の問題で韓国を輸出優遇措置の対象となる「グループA(旧ホワイト国)」に再指定すると発表し、ソウルで岸田が元徴用工らに「心が痛む」と語っても自民党外交、経済産業などの関係部会で異論はほぼ出なかった。萩生田光一や世耕弘成ら輸出管理措置下で経済産業相を務めた安倍派幹部も含めて同派内にも容認ムードが広がった。

第1章で触れたように、岸田が安倍派などに配慮し「反省と謝罪」は述べなかっただけでなく、内閣支持率が調査によって50%を超えて党内での岸田の求心力が高まると同時に、永田町で衆院解散・総選挙の足音が聞こえてきたことも影響したようだ。もう1つ、自民党支持者の間にも、尹の大胆な政治決断を評価するとともに、安全保障危機下における韓国の役割の重要性をめぐる認識が高まっていることも挙げられる。とはいえ、国内の空気がガラッと変わったわけではない。韓国内も同様だ。これらの条件が崩れたときでも耐えられるほど日韓関係はまだ盤石ではない。だからこそ政治のリーダーシップが引き続き求められるのだ。第4派閥の領袖である岸田は100人規模の最大派閥・安倍派を軸とする党内力学に細心の目配りをしながら、そのタイミングをはかっていくとみられる。

5 「大平・金メモ」の内幕

元徴用工問題で日本側が「解決済み」の根拠とするのが、1965年の日韓請求権協定である。ここでは、筆者が日韓国交正常化50年にあたり、この協定の背景に迫った2015年6月22日付日本経済新聞朝刊の記事を再掲する。

1951年から14年間に及んだ日韓国交正常化交渉は、韓国が求めた植民地支配時代の対日請求権の扱いが最大の争点となった。膠着状態を打開し、妥結に導いたのは62年、当時の外相、大平正芳と韓国中央情報部長の金鍾泌《キム・ジョンピル》が10月と11月に開いた東京会談での合意だ。それから半世紀以上がたって再燃した元徴用工訴訟問題をめぐり、日本政府が65年の日韓請求権協定の堅持にこだわった理由もここにある。「大平・金メモ」はどう作られたのか。攻防のドラマを検証する。

対日請求権　最初の案は8000万ドル

大平「池田（勇人）総理が私にくれた枠は8千万ドルだ」

金「話にならない。固執するなら私は帰る」

東京・霞が関の外務省大臣室。金は内心では、少しは増やせたな、と思った。訪日に先立ち、韓国内で専門家に意見を聞くと、数千万ドルと見込んだからだった。もっとも8千万ドルでも目標にはるかに及ばない。前年の軍事クーデターで政権を掌握した国家再建最高会議議長（63年に大統領）の朴正熙から「6億ドル以下は革命政府として絶対受け入れられない」などと訓令で厳命されていたからだ。朴は日本政府案の「独立祝賀金」「経済協力」との名目もはねつけ、「弁済や補償として納得させる表現にしろ」と指示した。

大平「それならばどれくらい出せばいいか、言ってほしい」

金「僕が言ったら最後だ。あなたが腹を決めた証拠を見せてくれ」

ソファから立ち上がると大平は手を後ろに組んで「うーん、うーん」とうなりながら大臣室の中をぐるぐると歩き始めた。檻《おり》の中のライオンみたいだ、と金は思いながらも、大平の言葉には一言一句無駄がないなと感心した。

金は、朴とともに61年の軍事クーデターを起こした中心人物。当時まだ36歳の若さで、大平との会談より先に首相官邸で会った池田から「明治維新の志士たちもそういう意気込みだったんでしょうなあ」と声をかけられた。韓国国内では日韓交渉の反対論が根強かったが、金は経済開発を急がなければいけないと痛感していた。

クーデターの直後に2カ月かけて全国の生産施設を見て回った。大手企業の工場が集まる釜山で目にしたのは、蓋が回らず、チューブの横から中身が飛び出てしまう歯磨き粉。口の中が毛だらけになってしまう歯ブラシ。体や頭を洗った軍人の毛が抜けてしまう通称「脱毛せっけん」——。ソウルに戻ると「こんな惨めな状況です」と朴にありのままを伝えた。

金は軍隊に入る前に、師範学校に通っていた。高校の教師になるのが夢で、日本の本も多く読んでいる。大臣室で黙考を続ける大平にしびれをきらし、こう口火をきった。「日本の戦国時代に終止符を打つような果敢なことをやった人は織田信長でしょ。その次に全国を平定した人は豊臣秀吉だ。その後を受けて260年以上、幕府を開いたのが徳川家康でしょ」

金氏「鳴かせてみよう。2人で」

けげんそうな表情をうかべる大平に、金は続けた。「信長は『鳴かぬなら殺してしまえ』と言ったそうだが、それでは困る。『鳴かぬなら鳴くまで待とう』の家康、これも困る。いまあなたと私は『鳴かぬなら鳴かせてみせよう』。これでいかなくちゃいけない。2人で解決しましょう」

「あなたがそんな話をするとは知らなかった」と大平が言うと、金は「もらう方からすれば、多ければ多いほどいい。出す方が先に言ってください」と畳みかけた。

「2時間以上話をしているのにコーヒー1杯も出さないケチな国だからお金を出すはずがない」と嫌みも口にした。すぐに隣の部屋からコーヒーが運び込まれた。わずかに開いたドアの向こう側に、ごった返す記者団の姿が金の目に入った。

ソファに戻った大平が金に告げた。「有償資金協力と無償資金協力を合わせてだいたい3億ドルでどうですか」と金額を示し、3億ドルは年間2500万ドル、12年支払いを考えていると伝えた。「池田総理とも合意していない数字だ」とも付け加えた。日本がフィリピン、インドネシア、ベトナムなどに毎年、賠償として合計7600万ドルを支払っているなかで、最多がフィリピンの2500万ドルだと説明したという。

大平のもとには、米政府内に3億ドルの折衷案があるとの情報も入っていた。一方、金のアタマには朴から受け取った訓令がある。「6億ドルの線は譲れない」と拒んだ。

ソウルにいる朴は当初、8億ドルでの決着をめざしていた。日本との国交正常化に反対論が根強い韓国国民を納得させるには金額は多ければ多いほどいい。焦りもあった。経済建設には日本からの資本と技術が欠かせない。北朝鮮との対抗上、安全保障でも日本との結束が必要だ。民政移管が翌年に迫っていた。

当時、米国はベトナム戦争のさなかで、62年10月にキューバ危機にも直面した。交渉の早期妥結を日韓双方に再三促しており、池田や大平は決着を急いだ。

韓国側がこだわっていたのは金額だ。金は迫った。「ずばり言います。無償3億ドル、有償2億ドル、日本輸出入銀行による1億ドルプラスアルファでどうか」。当初目標の8億ドルには届かないが、仮に100億ドルを受けとれたとしても、国内の反対派からは、植民地35年間の苦痛は償えない、と責められるだろう。このままじりじり引っ張られれば韓国の経済再建の足取りに支障がでる。実際に経済協力を始めたら金額は際限なく増えるのではないか——。金は当時の心境をこう振り返っている。

大平は「問題の核心に至った」と手応えを感じていた。金自らが6億ドルの金額は無償だけでなく、政府の借款（有償）も含める方式を持ちだしたからだった。合意に向けた流れができた。

大平氏「未来へのお手伝い」

大平は日本の厳しい外貨保有高の現状を挙げて「有償3億ドル、無償2億ドルにできないか」と逆提案した。それでも金から「いっぺんにでなく、分けてくれればいい」と詰め寄られると、しばらく考えた後、口を開いた。

「両国は永遠の隣人です。あなたの方はせっかく独立し、困難な国の建設をしなければならないわけだから、貴国の未来に向かっての前進をお手伝いいたしましょう」。大平は、机の上に置いてあったメモ用紙に鉛筆で無償3億ドル、有償2億ドルの対外経済協力など合意項目を書きこんだ。金も同じメモをつくり、内容をつき合わせた。日韓交渉史に残る2枚の「大平・金メモ」が誕生した瞬間だった。

62年当時、韓国の1人当たりの国民所得は日本の2割にも満たなかった。金から報告を受けた朴は「よし、これでいい」とうなずいた。会談後、韓国では日本への謝罪と補償を求める大規模な運動が繰り広げられたが、日韓交渉は最大の関門を越えた。佐藤栄作政権下の65年6月、両国は日韓基本条約に調印し、国交正常化が実現する。

大平・金メモには5億ドルの性格や使途が書かれていない。双方が妥結を優先したためで、解釈の余地を残して国内を説得しやすいようにした。条約に付随した協定は「韓国との請求権・経済協力協定」と日韓両国の主張をそのまま並べた名称になっている。

それから50年。「あの当時、いろいろな条件の下でやったことを今の次元で評価するのは当たらない。いま何とか言う人はひもじい思いをしないで育った人ですから」。金は04年のインタビューをこう締めくくった。

(注) 2004年12月にソウルの金鍾泌の自宅でおこなったインタビューでの証言を基に、外交文書や大平正芳著『春風秋雨』などを加えて構成した。

「慰安婦」想定せず、火種に

65年の日韓基本条約と合わせて結んだ請求権協定は、植民地支配を経た日韓の請求権問題が「完全かつ最終的に解決された」と明記した。日本は個人への賠償や補償は救済されない権利になったと解釈する。だが韓国は「慰安婦問題などは正常化交渉の当時、議論になっていない」と主張した。調印した当時は慰安婦問題を想定せず、両国間の火種になった。

慰安婦問題が日韓の懸案として浮かんだのは、元慰安婦が名乗り出た1990年代からだ。2006年7月には韓国で元慰安婦らが、請求権協定に関する解釈の紛争を日本と交渉しないのは元慰安婦の人権を侵害した憲法違反だと憲法裁判所に韓国政府を訴えた。憲法裁判所は11年8月にこの主張を認めた。

島根県の竹島（韓国名・独島）の領有権問題も、条約締結時に詰め切れなかった課題の1つだ。韓国は1952年、沿岸水域の主権を示す「李承晩《イ・スンマン》ライン」を一方的に設定。54年から警備隊を常駐させた。

65年の国交正常化の際、竹島問題は事実上、棚上げされた。紛争解決に関する交換公文を交わし「両国間の紛争はまず外交上の経路を通じて解決」などと定めたが、日本側は竹島問題を含むとし、韓国側は含まないとする玉虫色の解釈だった。

その後、日韓間で2015年12月に慰安婦問題に関する政府間合意がまとまった。元徴用工問題については23年3月、韓国政府が一義的に韓国側の責任で対処する解決策を発表した。

第 5 章

日韓、成熟への道のり

1 「日韓逆転」のデータと体感

「韓国人は日本人より豊か」

「日韓逆転」「韓国の日本超え」——。主要な経済指標をめぐり、日本の学者やアナリストがこうした表現を使うのをよく目にするようになった。

その代表例が、国民1人当たり国内総生産（GDP、ドル建て）だろう。国民一人ひとりの平均的な経済力・生活水準を示し、国の豊かさを比較する目安として用いられる。今から30年前の韓国は名目GDPが日本の4分の1で、各国・地域の物価の違いを調整しそれぞれの通貨が持つ購買力で計算する購買力平価で換算した1人当たり実質GDPでも日本の半分以下だった。それが実質GDPはすでに2018年に日本を追い抜き、その差はじりじりと広がっている。22年末に日本経済研究センターがまとめた試算によると、1人当たりの名目GDPでも23年に韓国が日本を上回る。21年末に公表した試算では名目GDPの日韓逆転は27年と予測していたが、円安・ドル高でドル換算の金額が目減りし4年も前倒しとなった。

図表5-1　日韓の1人当たり名目GDP

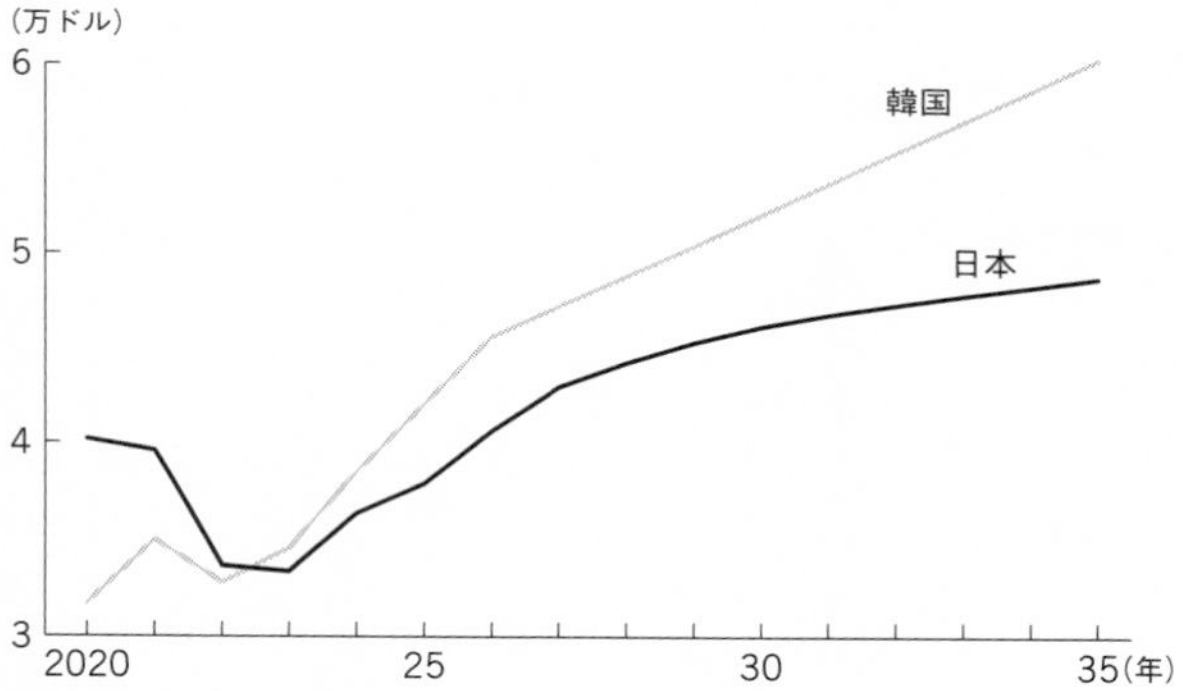

(注) 2022年以降は予測
(出所) IMF、日本経済研究センター

「韓国人は日本人より豊かだ」と聞けば内心穏やかでない日本人もいるだろう（図表5－1）。

ＧＤＰ（２０２１年）で比較すると、韓国は日本の36・４％（世界銀行調べ）の大きさだ。１９７２年は３・４％、95年は10・２％だったので日本との差はかなり詰まった。ＧＤＰの大きさは言うまでもなく人口の大きな国が有利だ。ちなみに韓国の人口は日本の半分以下である。

韓国は21年にマイナス成長から脱し、実質ベースで４・１％と11年ぶりの高い成長率を記録した。22年は前年比２・６％上昇した。資源高・原料高による輸入増大と輸出の鈍化による過去最大の貿易赤字を背景に前年の伸び率を下回った。23年は1・4％を見込む。

日韓の経済成長率を比較すると、1980年代以降、アジア通貨危機が韓国を直撃した98年を除いたすべての年で韓国の成長率が上回っている。90年代初頭から日本経済は「失われた30年」と呼ばれる長期停滞が続いたのに対し、韓国はこの間も主要先進国のなかで米国、ドイツと並んでGDPの増加が堅調だった。アジア通貨危機で国家財政が破綻した後に国を挙げて大規模な構造改革を断行し、マクロ経済指標の改善にもつなげた。

韓国経済が日本のように長期停滞に陥らない理由の1つには、活発な労働移動と技術進歩などを示す全要素生産性（TFP）が堅調な点が挙げられる。技術革新の速い電機産業への特化、サービス産業における積極的な情報通信投資に支えられている面も見逃せない。韓国にはサムスン電子など財閥のほかにも、カカオ、クーパン、ネイバーといった世界で名だたるグローバル企業が数多く誕生し国全体の成長に貢献している。世界経済を苦しめた新型コロナウイルス流行下でも「オンライン特需」によって韓国の基幹産業である半導体各社は業績を伸ばした。

平均賃金も上昇が続く

実質平均賃金も韓国の方が日本より高い。経済協力開発機構（OECD）の統計（2021年）でみると、日本は4万849ドルなのに対し、韓国は4万4813ドルだ。韓国は中小企業やサービス業などの長時間労働が問題視される一方、デジタルトランスフォーメーション（DX）や輸出型製造業の競争力で大きく先行し、賃金の上昇も続く。日本はデジタル化の遅れや高齢化で時間当たりの労働生産性が伸び悩み韓国に差をつけられている。しかし、韓国では今後、日本を上回る急速な高齢化が進む。このままでは44年頃に高齢化率で日本を上回り、潜在成長率を押し下げる。所得や賃金の少ない高齢者が多くなれば、必然的に平均所得や平均賃金も低下する見通しだ。

韓国の全国経済人連合会（日本の経団連に相当）は21年8月、1990年代初頭から30年間の日韓の経済・競争力指標を比較し、日本を「追い越した指標」と、日本との「格差が縮小した指標」「格差が縮小していない指標」を公表した。「追い越した指標」で示したスイスの研究所の国別競争力ランキングをみると韓国の23位に対し日本は34位。このほか、米国の国債信用格付け（21年）や購買力平価で換算した1人当たり名目GDPを挙げた。「格差が縮小した指標」は、名目GDPや輸出額などだ。一方で「格差が縮小していない」のは科学技術分野だ。韓国ではこれまで自然科学分野のノーベル賞受賞者がいないのに対し、日本では24人（日本出身の外国籍を含む）も受賞している点に着目。過去30年を振り返ると韓国は経済成長の成果が著しい半面、基礎技術や素材・部品分野の投資と競争力では依然として日本に大きな後れをとっていると分析した。

不動産価格は含まれず、労働生産性も低く

経済指標での「日韓逆転」の話題を韓国で耳にすることはほとんどない。とかく日本を意識する国柄だけに意外な気もする。その疑問を知り合いの韓国人記者や韓国政府関係者にぶつけてみると「韓国のメディアは政治や外交に比べて経済への関心が薄い」とか「韓国の若者は幼いころからソニーよりもサムスンが強い時代に生きているので日本への劣等感がそもそもない」などの答えが返ってきた。さらに、もっと深い理由がありそうだ。

統計上の「日本超え」の実態について、韓国経済に詳しい深川由起子・早稲田大学教授に尋ねてみたところ、以下のように教えてくれた（取材は22年2月時点）。「購買力平価で換算する時のデータは通常、不動産価格を含まないので、韓国人が肌で感じるものとは当然、大

きく異なります。また労働生産性は時間当たりでみないと意味がないのもよく見過ごされる点です。日本も長時間労働ですが、韓国ほどではないので時間当たりでみれば、韓国の労働生産性はまだＯＥＣＤ下位のレベルにあります」。

韓国の活発な資本貯蓄のうち約３割は住宅・不動産業によるものだ。90年代以前の日本と似ている。土地総価値対ＧＤＰ比は５倍と日本のバブル期に迫り、「バブル経済」の崩壊が危惧される。一本調子で不動産の価格高騰が続いてきた韓国では22年末頃から物価高を受けた金利の急上昇などを背景に不動産価格が下落に転じた。

キーワードはマクロ経済指標と「皮膚感覚との違い」のようだ。

日本を上回る平均賃金も韓国の場合、大企業中心の「強すぎる労働組合」の存在を抜きに語れない。組織率が低くても経営者一族と対決する集団として政治化し、発言力を強めている。労組の過剰な賃上げ要求をのんだ財閥など大企業が下請けにツケを回す。これが一握りの財閥など大企業とその他圧倒的多数の中小企業間の著しい賃金格差の温床となっている。韓国での教育や労組の問題点は拙著『韓国の憂鬱』で詳しく取り上げた。

17年に誕生した文在寅政権は「所得主導型成長」を経済政策の軸に据え、５年間で最低賃金を42％引き上げた。22年には全国一律で９１６０ウォン（約９１０円）となり、日本との差が著しく縮まった。賃金が労働生産性の伸びを上回れば競争力が落ちるので、企業は雇用を減らして対応する。この帰結として韓国では若年層の体感失業率25％にも上る状態になっている。

企業間の給与・待遇に大きな格差

韓国は大企業と中小企業の給与・待遇に圧倒的な格差が存在する。若者が中小企業や3K職場を敬遠するため、大学進学率7割超でも就職難という社会現象を引き起こす。激烈な競争主義はイノベーションを生む一方で、社会に勝ち組と負け組の構図をつくりやすい。競争に敗れた若者の厭世観につながって結婚、出産をためらう、あきらめるというスパイラルに陥っている。

このように韓国の内実をのぞくと経済指標の「日韓逆転」を必ずしも額面通りに受け止められない実態がみえる。深川教授は「ソウルの出生率は日本の約半分以下、老人世帯貧困率は約2倍。最近では若者の自殺率が30％増大している韓国では国民の間で暮らしが良くなっているという体感が伴わず、『日本に勝った！』と息巻く状況でない」と語った。

国連傘下の諮問機関「持続可能な開発ソリューション・ネットワーク（SDSN）」の「世

界幸福度ランキング２０２３年版」によると、韓国人の暮らしの幸福度はＯＥＣＤ加盟国平均よりかなり低く、加盟38カ国・地域のうち35位と最下位圏だった。物価抑制や通貨防衛のための高金利策が住宅ローンを軸に家計負債の金利負担を膨らませ、消費を冷やしている。

暮らしの幸福度との相関関係が高い自殺率は悪化している。21年の自殺率は10万人当たり26人とＯＥＣＤ加盟国で最も多い。10～20代と高齢の70代で急激に増えている。Ｋポップや韓流ドラマから受ける華やかなイメージとは異なる韓国のもう１つの顔である。

ＵＳニューズ＆ワールド・レポート誌が発表する「世界最高の国」ランキングで、日本は２０２２年に総合で６位。21年の２位から順位を４つ落とした。韓国は総合では20位だったものの、指導力、経済的影響力、輸出力、政治的影響力、国際連携力、軍事力で構成される「国家のパワー」では６位と日本の８位を上回った。

足元の韓国経済は世界的なインフレや景気後退を受けて停滞が続く。内需が小さい韓国は経済成長を外需に求めてきたが、ここにきて中国経済の減速や米中デカップリングなどのあおりを受け、主要な輸出産業も半導体や鉄鋼の収益が落ち込み、化学、自動車、造船も振るわない。資源価格の高騰と通貨ウォン安の影響でエネルギー企業の赤字も広がる。

韓国紙・中央日報は23年２月、第２位の輸出市場で「脱中国依存」に向けた期待の東南アジアでも失速が鮮明になっていると警鐘を鳴らす記事を掲載した。それによると、「東南アジア向け輸出が（22年10月から）4カ月連続で減少し、23年の輸出全般に警告ランプが灯りかねないとの懸念が大きくなっている」「半導体を中心にした輸出不振、エネルギー輸入による赤字累積、依然として高い物価と金利、不動産景気下降、消費不振まで韓国経済の行く手を阻む障害物があふれている」。

さらに金利上昇によって証券・不動産市場が振るわず、消費者心理にはマイナス効果を及ぼす可能性が高いという。22年12月に日本経済新聞社が中韓の有力紙と実施した「日中韓経営者アンケート」によると、23年に経営環境が「悪化する」との回答が韓国では全体の6割を超え、日本や中国を大きく上回った。

2 「嫌いな隣国」にも優れたところ

サムスン、女子ゴルフ、韓流ドラマ・映画……

1965年の日韓国交正常化から60年近くがたち、この間の韓国の経済成長に合わせて両国関係は「垂直関係から水平関係に」あるいは「非対称から対称に」変わったなどと例えられる。産業界では半導体やエンタメなど韓国が優位に立った分野も多い。日韓関係がなお霧の中をさまよっていた2020年9月、筆者はニュースレター「韓国Watch」（NIKKEI Briefing）で読者にミニアンケートを呼びかけた。質問はずばり「世界で韓国がすぐれていると思うものは？」。いくつかの選択肢を挙げて聞いた。こんなときだからこそ隣国を冷静に見つめ直すべきではないかと考えた。幸いにも多くの回答が寄せられた。

以下に20年9月15日配信の「韓国Watch」を再掲する（一部加筆あり）。日本では辞任を表明した安倍晋三首相に代わって菅義偉内閣が誕生する前日のタイミングだった。

「（ミニアンケートの結果）1位は「サムスンをはじめとするグローバル企業」でした。各世代からまんべんなく評価されました。2位は60代、70代を中心に「女子プロゴルフ」。3～5位は「韓流ドラマ・映画」、「Kポップ」、「新型コロナ対策でも発揮された社会のＩＴ化」がそれぞれ僅差で続きました。

回答者の約半数が60歳以上です。回答に添えられた読者のコメントには、企業の一線で長年活躍されてきた自身の体験談も紹介されており、世界のトップを走る韓国企業の内実の一端が伝わってきます。

韓国企業で働いた経験をもつ69歳の男性は「経営者の決断の速さは日本のサラリーマン経営者に欠けており、社員も一人ひとりが主張すべきことは言う風通しの良さがある。ただし、足の引っ張り合いのすごさには驚いた」と当時を振り返ります。次に66歳の男性は、かつて韓国人の経営者から次のように言われたそうです。「日本が優れた製品や技術を開発しても少しも怖くない。開発後の日本は亀のようにのろいので、我々はすぐに追いつくことができる。技術者もカネを出せばいっぱいやってきて、先端技術を教えてくれる。リスクをとって開発しなくても大丈夫なのだ」。このコメントには日韓産業界の来し方を振り返り、考えさせられました。

何でも「1位」のこだわりが強い韓国。日本を含むライバル国の企業に対し「追いつき・追い越し・追い付かれない」ための国や組織を挙げた必死の努力が重ねられます。前年同期に比べてマイナス部門が1つでも出れば社内のあちこちから叱責される。業績を10％上げても『次は20％だ』と追いこまれる。若い頃から逆転人事はざらにある。社風が合わない社員が転職、留学、大学院入学などの理由で次々と会社を去っていく——。30代の現役サムスン電子社員が教えてくれた社内の風景です。こうした社風に裏付けられた韓国財閥のパワーとひずみについては、拙著『韓国の憂鬱』で紹介しています。

超競争社会の韓国への評価は分かれるものの、海外での躍進ぶりには目を見張ります。「２０００年代、シンガポールでは日本の物がもてはやされていたが、２０１０年くらいからか、完全に韓国企業、製品やエンターテインメントにとって代わられた気がする」（47歳男性）。私もロンドンの銀行で働く学生時代の友人から「家電売り場ではサムスンやＬＧの商品が目立つところに陣取っていて、日本製は隅っこにひっそりと置かれている」と聞いたことがあります。今回のアンケートでも、実際に英国在住の読者の方から「現地でも韓国の電化製品もエンタメもよく目に留まる。肌感覚としては東アジアの中で中国に次いで存在感があるのが日本よりも韓国であると感じます」（36歳女性）と教えていただきました。

グローバル市場での韓国企業の強さの秘訣を探ると、（1）企業トップの意思決定・決断の速さ（2）圧倒的な設備投資力（3）海外展開力（4）マーケティング能力の高さ（5）国家主導のＩＴ社会（順不同）――あたりが挙げられます。

このほか、アンケートでは「国民の政治への関心の高さに加え、儒教精神や徴兵制に基づく軍隊生活の経験が社会規律の模範を生みだし、企業や経済成長にも寄与している」との分析も興味深く読みました。

「韓国映画『哀しき獣』『ベルリンファイル』『悪魔を見た』など大変面白い。日本映画にはない。韓国は大っ嫌いだが、面白いのでしょうがない」。71歳の男性からのコメントは失礼ながらクスッと笑ってしまいました。こういう隣国との付き合い方もあるでしょう。

日本はどうでしょうか。社会のＩＴ化も「韓国の問題というより、今の日本が世界に遅れすぎている」と日本への厳しい意見が複数ありました。

かつて韓国では「メイド・イン・ジャパン」が最高のステータスで、カシオの腕時計やソニーのウオークマンが絶大な人気を誇り、学生らにとって羨望の的でした。「日本に追い付き追い越せ」が合い言葉だった時代はとうに過ぎています。むしろ日本経済の「失われた30年」が、低成長が続く韓国経済の反面教師になっています。

安全保障や外交で国際社会における日本の存在感が高まったとの評価をよく耳にします。その一方で、諸外国の日常生活での日本の存在感は日本経済の低迷とともにどんどん小さくなっています。

世界のトレンドを見極め発信

なぜ韓国のエンタメはこんなにも世界での競争力が高いのか。2021年、韓国の大衆文化に詳しい立教大学の李香鎮《イ・ヒャンジン》教授にインタビューし次のような話を聞いた。

韓国の音楽産業で働く8割弱が30代以下。今までできなかったことをやりたいという考えを強く持っていて、コンテンツが独創的だ。韓国の大学には芸術関連の学科が多い。優秀でクリエーティブな人材が文化産業に集まる。競争も激しく新しいアーティストやプロダクションが次々とでてくる——。これらには日本が学ぶべき課題がたくさんある。

映画界もBTSをはじめとするKポップも同じことがいえるが、韓国では「グローバルなトレンドを読める人」が、業界の主流になってきた点が大きい。どんなタイプの作品がいま世界で注目を集めているのかを見極め、自分たちが伝えたいメッセージをエンターテインメントに昇華させて発信する、映画界ではそんな監督がたくさん出てきてヒット作や話題作を連発している。

自分の価値観を押しつけるのでなく、進出先のマーケティングを徹底的に調べ上げたうえで相手に合わせた作品をつくる。そこにメッセージをしっかり埋め込む手法は製造業のグローバル企業にも共通する韓国の大きな強みだ。

世界有数のIT国家は積み重ね

新型コロナウイルス流行期に「K防疫」という言葉が日本でも話題になった。世界屈指のIT国家の技術をフル活用した韓国（KOREA）型防疫システムの通称だ。大量のウイルス検査による感染者の早期発見と国民への迅速な情報開示から始まり、感染経路の追跡、違反者への厳しい罰則付きの隔離措置、病院の負担と感染リスクを最小限に抑える治療体制――などによってロックダウン（都市封鎖）や外出禁止などの強硬措置をとらずにコロナの猛威を抑え込んだ。K防疫をはじめとする韓国政府の新型コロナとの闘いは共著『コロナ戦記』（日本経済新聞出版）でまとめた。

K防疫の核心は、国家による個人情報の一元管理のシステムにある。春木育美著『韓国社会の現在』（中公新書）に詳しい。電子政府ランキングで世界トップクラスの韓国は個々人に割り振られた住民登録証を通じて、行政サービス、納税、医療、銀行、教育、福祉、出入国管理、クレジットカード利用歴など、個人の記録を紐付けしている。17歳になると全員に配布されるクレジットカード大の住民登録証に記載された13桁からなる1つの番号だけで顔写真、指紋、携帯電話番号は言うまでもなく、所得や教育歴などあらゆる個人情報にたどりつける。

Ｋ防疫を支える電子システムは一朝一夕でできあがったものではない。韓国は１９４５年に日本の統治下から解放された後も朝鮮戦争で国土が荒廃し、しばらくはアジアの最貧国にとどまっていた。60年代から「漢江《ハンガン》の奇跡」と呼ばれる急速な高度成長を経て、世界有数のＩＴ国家に駆け上がっていったのは歴代政権による投資の蓄積によるところが大きい。

大統領のうち朴正熙（在任63〜79年）は日韓国交正常化で獲得した日本からの経済協力資金などを元手に国内のインフラ整備と経済開発を手がけた。上記の住民登録証は68年に北朝鮮から韓国に侵入したスパイによる朴正熙大統領暗殺未遂事件が国民に義務づける契機となった。

その後、金泳三（同93〜98年）の頃から産業化の遅れを挽回するためデジタル化への大規模投資を始めた。金大中（同98〜03年）は脱税防止のためカード決済の所得控除を大きくする促進策を進めてＩＴ技術の進歩につなげた。その結果、現在の韓国社会はキャッシュレス化が実現し、日常生活で現金を使う機会はほとんどなくなっている。Ｋ防疫の多くは、文在寅（同17〜22年）が敵対視した朴槿恵（同13〜17年）時代に基盤が整えられたものだ。

たとえ嫌いな隣国だとしても、学べるモノや面白いモノは取り入れるしたたかさが日本政府や企業にももう少しあってもよい。

3　韓国で隆起する「日本」

日本映画が空前の大ブーム

韓国では2023年に空前の日本映画ブームが訪れた。1月に上映が始まった日本の人気バスケットボール漫画が原作のアニメーション映画『THE FIRST SLAM DUNK』（スラムダンク）と、同じくアニメ映画『すずめの戸締まり』が爆発的な人気をみせ、4月時点で23年の映画の観客動員数は1、2位と日本のアニメが独占。日本映画としての興行記録も次々と塗り替えた。それまでの韓国の日本アニメ映画歴代1位は『君の名は。』、2位は『ハウルの動く城』、3位は『鬼滅の刃』だった。アニメ映画以外でも韓国で22年11月に封切りされた恋愛映画『今夜、世界からこの恋が消えても』（略称セカコイ）も若者に共感されロングランを記録した。

『THE FIRST SLAM DUNK』の原作漫画が出版された1990年代初めの韓国は日本の大衆文化が規制されていたため、登場人物や高校名などの設定をすべて韓国式に置き換えられた。登場人物も韓国名が踏襲されている。例えば桜木花道は「カン・ベクホ」、流川楓は「ソ・テウン」、赤木剛憲が「チェ・チス」——といった具合だ。今回の映画では、韓国語の字幕付きの日本語オリジナル版と韓国人声優たちによる吹き替え版の2種類が公開されている。

映画『THE FIRST SLAM DUNK』を上映中の韓国・ソウルの映画館で、記念撮影する人たち（2023年1月23日）＝共同通信社

当初は観客の多くを30代と40代が占めていたという。韓国で原作漫画が出版された当時、小中学生で作品を愛読した世代が懐かしさもあって映画館に続々と足を運び、そこから10代や20代まで一気に観客が広がった。韓国映画のヒット作は、その時代の世相や政治情勢を反映する。これまで見てきたように韓

国の人々は社会でさまざまな困難に直面しており、映画で強豪校に立ち向かう主人公たちの姿に勇気づけられているようだ。

日本映画ブームは韓国にとどまらない。『すずめの戸締まり』は中国本土での興行収入が日本での興行収入を上回ったと23年4月に中国メディアが伝え、日本でも大きな話題になった。韓国や中国を含めたアジアの多くの国々が経済発展を遂げ、日本の特に若い層と共通の感覚を持ち、同じように受け止めていることは、イデオロギーに左右されにくい相互理解につながるとの希望をもてる。

反日映画が軒並み不振　「20〜30代に訴える力がない」

日本映画ブームとは対照的に、韓国で「抗日・反日」を強調し愛国心をあおる映画は軒並み不振が続いた。

韓国紙・朝鮮日報は23年2月19日に「『何が何でも反日』にNO」との見出しで特集記事を掲載した。かねて「抗日・反日」は興行を後押しする材料とされてきたが、国民的な人気俳優ソル・ギョングとイ・ハニの主演で朝鮮総督暗殺作戦を描いた『幽霊』（原題）と、認知症の高齢者が60年ぶりに親日派に復讐するという映画『リメンバー』（原題）はいずれも惨敗した。伊藤博文・初代韓国統監を暗殺した安重根の最期の1年を描いた映画『英雄』（原題）も振るわないとし、「抗日映画は22年夏からずっと興行不振に陥っている」と指摘する。

同紙で、映画市場アナリストのキム・ヒョンホは「商業映画がよく使っていた従来の抗日テーマは、今後の市場をリードする20～30代の観客たちには訴える力があまりない」とコメントしている。韓国内には「文在寅時代に極端な反日ムードを高めて日本製品の不買運動を広げ、訪日自粛ムードを引き起こした反動が起きている」との解説がある一方で、同アナリストは「かつては『日本に勝ちたい』という心理がヒットの助けになったが、最近の若い観客たちはその段階を通り過ぎて『克日』を達成し、いまは日本を見る目に余裕ができているためだ」との分析を示す。

韓国で無条件の反日が通じる時代は過ぎたのかもしれない。それを生かす手を日本も考えるべきだ。日本への旅行や留学の後に日本好きに転じた韓国人がたくさんいる。両国間の頻繁な往来を通じて韓国中に「日本ファン」を増やしていくのは、日本のインバウンド（訪日外国人）による消費などの経済効果だけでなく、ひいては相互理解を深め、日本の安全保障の強化にもつながる。

日本に戻ってきた韓国人

「毎日毎日、出張者と旅行者の案内ばかりで倒れそうです」。22年から23年にかけて、東京に勤務する韓国メディアの友人たちからこんな「悲鳴」をよく聞くようになった。「銀座に行くと韓国語ばかりが聞こえてきますよ」。韓国の人々は日本通が増えており、駐在員がいかにガイドブックに載っていない「穴場」に案内するかに悩む姿はソウル勤務時代の自分を見ているようで少し気の毒になる。

22年10月、日本政府が新型コロナウイルスの感染拡大期からの水際対策を約2年7カ月ぶりに緩和すると、韓国帰国時のPCR検査の廃止と円安も加わり、韓国人観光客が日本にどっと押し寄せた。韓国ではソウルの繁華街・明洞の両替所で円がなくなったというニュースが流れた。

日本政府観光局によると、同月の1カ月間に約12万3000人もの韓国人が日本を訪れた。11月は約31万5000人、12月は約45万6000人と増え続け、年が明けた23年1月には約56万5000人に上り、訪日外国人客全体の37・7%を占めた。22年の1年間に日本を訪れた外国人は約383万2000人で、そのうち韓国人は約101万2700人で最多。

韓国で調べられた国際線航空券の行き先別ランキングで大阪、福岡、東京が1～3位を占めた。18年に国民のおよそ6人に1人にあたる750万人超が日本を訪れた以来の急速な回復をみせている。「韓国人は海外旅行が大好きなんです。日本に早く行きたい。コロナが終わるのが待ち遠しい」。コロナの流行期に韓国からの電話でこう話していた知人の顔が浮かんだ。

尹錫悦が22年3月の大統領選を制すと、韓国内の風景は大きく変わった。日本の対韓輸出管理措置などの外交問題は解決されていなくても「良いモノは良い」と日本製品を買い求め、日本旅行を楽しむというドライな感覚が多くの韓国人に戻ってきた。日本との関係で歴史とその他の問題を分けられる一般的な韓国人の特性、いわゆる「ツートラック」（2路線）の復活である。

特に驚いたのは、1919年に起きた最大の独立運動記念日「三・一節」の当日も、日本行きの航空便はほぼ満席となったとメディアで伝えられたことだ。2022年末に日本が戦後安全保障政策を転換する防衛費の大幅増額と反撃能力の保有を決定し、翌23年2月22日には島根県が「竹島の日」の記念式典を開いても日本に旅行する韓国人が増えているのは「過去とは異なる状況だ」（聯合ニュース）と韓国内でも注目された。

その理由について、知り合いの韓国人記者から「慰安婦問題のときに日本に対してやり過ぎたのを反省している」「文政権時代の『反日』に疲れた」「最近は嫌中感情が高まって反日がかすんだ」などの解説を聞いた。

日本の輸出管理の厳格化措置への対抗策として韓国全土に広がり、世論調査では国民の7割以上が参加した日本製品不買運動「NO（ノー）ジャパン」も「すでに有名無実化した」と韓国メディアは報じた。閑散としていたユニクロの店舗に韓国人客が戻り、韓国人も「イザカヤ」と呼ぶ日本風の飲食店が次々と開店した。新型コロナの規制解除に伴う消費爆発と相まって、日本食の人気店は1週間前でも予約できなくなった。日本式の「おまかせ」がカッコイイという文化が韓国に定着し、韓国料理店でも「オカマセ」が採り入れられている。

日本政府と日本区別「7割」

韓国の世論調査会社、エムブレイントレンドモニターが23年2月に公表した成人1000人対象の調査によると、「日本政府と日本人を区別して考える必要がある」との回答が69・3％を占めた。「日本が嫌いでも日本旅行には行く」も45・5％いて、「いくら安くても日本旅行は行かない」の26・8％を大きく上回った。韓国人は一般的に日本との歴史を重視するが、「日帝」と呼ぶ日本帝国主義時代と現在の日本、また「日本の右派政権」と日本国民を分けて考える人が多い。それと比べると、日本人は相手の国や政府が嫌いになると、その国民も嫌いになったり、旅行にも行きたくなくなったりしがちのようにみえる。ドライに割りきることが得意ではないのだ。それが「韓国人はツートラック（2路線）、日本人はワントラック（1路線）」と言われるゆえんだ。

最近は国家間の対立とは無関係に日本でも若い女性らが韓国に興味を持ち、旅行を楽しむ人々も増えている。ただし、それで「日本人もツートラックになった」と断じるのは早計かもしれない。相手国の文化に親しむ日韓の若い世代の間には歴史問題への関心の度合いで大きな差があるからだ。韓国人は若い層でも日韓の歴史に興味を持ちながら、それとは切り離して日本を楽しんでいる。一方で日本の10～20代と話をすると、歴史問題をはじめ外交上の懸案の中身をほとんど知らない、または興味がまったくないといった反応によく出合う。

それでも日韓間で交流が活発になるのは相手国への理解につながるので望ましい。韓国観光公社によると、23年4月に韓国を訪れた外国人観光客の国・地域別で日本が最も多く、前年同月比57・5倍を記録した。関係者によると、最近は日本人女性に加え、長い間の新型コロナウイルス下で自宅にいながら韓国のドラマや映画にはまった日本人男性も韓国への関心を高めている。

4　克服できない日韓関係の「もろさ」

「古くて新しい」教科書問題と竹島

保守系大統領、尹錫悦のもとで日韓関係が一気に安定に向かっていくかといえば、残念ながらそうとは言えない。対日外交は韓国内政と切っても切り離せない関係だからだ。

23年3月の尹の訪日後、韓国社会で日本への反発が高まったのは元徴用工問題をめぐり日本の歩み寄りがなかったからだけではない。「古くて新しい」懸案である日本の教科書問題がむしろ大きかった。

韓国外務省は3月28日、日本の文部科学省による小学校向け社会科教科書の検定結果の発表を受け、韓国が実効支配する島根県の竹島について日本の領有権という「不当な主張が盛り込まれた」として、深い遺憾を表明する報道官声明を発表した。徴用工問題でも「強制性を薄める方向で変更された」と批判し、同省は在韓日本大使館の臨時代理大使を務める熊谷直樹総括公使を呼んで抗議した。

日本との未来志向の関係構築をめざす尹の一連の言動には、目立った反発がみられなかった韓国社会でも、教科書問題が表面化すると「日本は変わっていない」と険悪なムードが広がった。日本との数ある歴史をめぐる懸案でも竹島問題は別格だ。韓国では、日本による1905年の竹島の島根県編入は侵略の出発点であり、日本に対し「一歩たりとも絶対に譲れない」（韓国政府関係者）問題だという教育や考え方が徹底されている。

今回、日本で検定に合格した教科書の中に「志願して兵士になった朝鮮の若者たち」という表現や写真が使われたことにも「望んで日本の軍人になったという誤解を招きかねない」との批判が集中した。日韓外交筋は「韓国社会の対日観に変化が見られるのは確かだが、導火線に火がつけば日本への不満が一気に噴き出す土壌は残っている」と指摘する。

揺れる韓国司法

尹政権になると、司法の場でも日本の主張に沿った判決が相次ぐようになった。戦時中の元徴用工遺族らが西松建設に損害賠償を求めた裁判で、ソウル中央地裁は賠償請求の時効が成立したと判断し原告側の請求を棄却した。朝鮮半島出身の労働者（徴用工ら）を象徴する像を制作した韓国の彫刻家夫妻が、像のモデルは日本人労働者だと主張する韓国人に損害賠償を求めた訴訟で、ソウル中央地裁は原告である夫妻の訴えを退ける逆転判決を下した。日本の寺から盗まれ韓国に持ち込まれた仏像をめぐり、一審を覆して日本の寺の所有権を認めた大田高裁の判決も同様である。

保守と革新の二大勢力が拮抗し、政権ごとに司法の判断も揺れがちな韓国は「司法の独立」という点で途上国のようだとの指摘がある。「圧縮経済」と称された短期間の経済発展に、司法や行政機構の官僚意識が追いつかないと批判される。尹政権下での司法判断には文在寅政権からの「流れの変化」が感じられる。

2027年大統領選で革新政権が誕生すれば、裁判も影響を受ける恐れがある。元徴用工問題の解決策に反対する原告がどうしても財団からの「判決金」を受け取らない場合、判決金を裁判所に供託すれば賠償を履行したことになると韓国政府は説明するが、原告代理人の弁護士は、原告の権利を勝手に消すことはできないと主張する。結果的に韓国司法で現金化の手続きが進む可能性は否定できない。

元徴用工や元朝鮮女子勤労挺身《ていしん》隊をめぐる訴訟が韓国で増え、日本企業の資産売却・現金化に再び向かうリスクはゼロにはならない。一方で、尹政権下で解決策に沿った司法判断が続いた後、解決策発表から4年もたった後に一転して現金化が相次ぐ事態は考えにくいとの見方も韓国内にある。解決策を国民の間で定着させることが何より重要だ。

韓国政府・与党は、将来想定される訴訟もカバーできる特別法の制定を検討しているが、野党が多数を占める国会での成立は見込めない。その意味でも、24年4月の韓国総選挙は大きな分岐点となる。

日韓の試金石が相次ぐ

これまで見てきたように、韓国内の世代交代によって日本観や日本人観に変化が生じているのは間違いない。一方で、日本政府・与党による歴史問題への歩み寄りが物足りない、不満だと思っている人々は世代を問わず依然として多い。韓国の20代と30代を対象にした市民団体による世論調査では、日本に好感を持てないとの回答が63%に達し、安全保障に及ぼす影響で日本が「脅威になる」は53%と「助けになる」の37%を上回った。別の世論調査でも23年3月時点で、70%が日本に好感を持っていないと回答した。日本について聞かれると否定的に答えがちな国民性もあるが、日韓関係は変化の途上にあり、その基盤はなおもろいのが実態だ。

尹政権下で進む対日改善路線が奔流になるのか、あるいは逆流するのか。韓国で反発が強い東京電力福島第1原子力発電所の処理水の海洋放出や「佐渡島の金山」の世界文化遺産の登録申請問題などはその試金石となる。「佐渡金山」問題では、世界遺産に登録申請するにあたり対象時期を江戸時代までに限定したことで、韓国では近代以降に起きた強制労働の歴史を意図的に排除し、佐渡金山全体の歴史から目を背けるものとの批判の声が上がった。

5　金大中を超えられるか

理想は日韓共同宣言

「日韓の歴史認識の溝は決して埋められず、日韓関係に転機を生みだせるのは首脳外交しかない」。2019年に出版した前著『日韓の断層』（日経プレミアシリーズ）を、筆者はこうしたメッセージで締めくくった。その3年後に誕生した大統領、尹錫悦の姿にその思いを強めている。尹が外交政策の最優先課題に掲げた日韓関係の立て直しにおいて、理想としたのが「金大中時代」だった。

大統領選の政策公約集に「韓日の『金大中―小渕（恵三）宣言（日韓共同宣言）2・0時

代』を実現する」と掲げ、「『金大中—小渕宣言』には韓日関係を発展的な方向へと導くほとんど全ての原則が溶けこんでいる」と繰り返し訴えた。「21世紀に向けた新たな日韓パートナーシップ」の副題が付いた1998年10月8日署名の日韓共同宣言は、和解と新時代の始まりを宣言した「日韓史上最高の共同文書」として語り継がれている。

同宣言は、日本が韓国に対する過去の歴史への反省とおわびを初めて公式に明文化したものだ。首相の小渕が、日本が過去の一時期に韓国国民に対し植民地支配による多大の損害と苦痛を与えたことへの「痛切な反省と心からのおわび」を表明したのに対し、韓国大統領、金大中は戦後、平和憲法のもとでの安全保障政策と国際社会の平和と繁栄に「日本が果たしてきた役割を高く評価」した。

金大中は韓国で民主化運動の先頭に立ち、軍事政権下では死刑判決を受けるなど国内で激しい弾圧を受けた。彼を支持する革新層には保守政権と手を組んだ日本や米国を嫌う人が多かった。来日時に決断した日本の大衆文化解禁にも、支持者から非難する声があがった。それでも自身の体験と半島国家の地政学から導いた「韓国は外交が国運を左右する。だからこそ日本とも手を取り合わなければならない」との固い信念は揺るがなかった。

逆境下でもぶれない明確なビジョンと政治決断に金大中外交の真骨頂がある。65年の日韓国交正常化への対応もそうだ。政敵の軍事独裁、朴正熙が主導し、「対日屈辱協定」と韓国中で激しい反対デモが吹き荒れるなか、野党内にいても日本との国交樹立の必要性を説いた。

党内で「サクラ（与党に買収された野党政治家）」とのレッテルを貼られ、「私の政治人生においても本当につらい時期だった」と自伝で振り返っている。そうであっても「北朝鮮、中国、ソ連に囲まれたわが国は、日本まで潜在的な敵国にすることはできなかった」「何よりも安保と経済の側面から考えても、日本を友邦として引き入れるべき状況だった」と当時を振り返る。現在にもそのまま通じる安保認識である。将来を見据え、国益を優先した判断だった。

さらに日本への親近感も勇気を支えた。80年の民主化運動「光州事件」に関わったとして軍事独裁下で死刑判決を受けた際に、日本が真っ先に救命を嘆願したことを生涯忘れなかったという。筆者のソウル駐在時代の2004年3月、日本経済新聞のインタビューに応じた金大中は自分の言葉の細かいニュアンスまで伝えたいと、途中から通訳を外して日本語で話し始めた。極めて精緻で格式が高い日本語に驚いたことを覚えている。

金大中が決断した日本の大衆文化開放政策は後世に「韓流」「日流」の文化交流となって大きな花を咲かせている。金大中は在任中に国内の敵対勢力に政治報復をせず、自らを死刑判決に追い込んだ全斗煥も許した大統領としても有名だ。

互いに国益を賭けた厳しい交渉である外交の世界では「51対49が外交の妙」といわれる。ところが日韓外交はとかくどちらが有利か不利か、勝ったか負けたかという二分法思考に陥りがちだ。その点、日韓共同宣言は、両国間で創意工夫し、和解について「互いに努力することが時代の要請」との表現を編みだした。「未来志向」や「日韓新時代」を強調し、付属文書として政府対話や安全保障、経済、環境、民間交流など5分野43項目にわたる行動計画も発表。幅広い分野で手を結んだ。

当時、宣言の文案づくりに担当課長としてあたった佐々江賢一郎・元駐米大使（元外務次官）に話を聞いてみた。すると「日韓は問題が絶えないが、指導者が日韓関係を変えなければならないと確信と情熱をもって行動すれば人を動かせる」との答えが返ってきた。小渕は首相就任前に訪韓し、金大中と敬意と親しみを抱きあう。「人間的なプロセスがあった」と佐々江元大使は懐かしそうに振り返った。

50年未満の不幸な歴史と1500年の交流

23年3月16日の日韓首脳会談を終えて帰国した尹を「屈辱外交」「亡国外交」といった反

政権勢力による激しいバッシングが待ち受けていたことは前述した。

これに対して尹は、同月21日の閣議の冒頭で20分余りものあいだ、日韓関係への熱い思いを語り、そのなかで、1998年に金大中が日本で臨んだ国会演説についても言及した。

「金大統領は日本訪問での演説で、歴史的に韓国と日本の関係が不幸だったのは、日本が韓国を侵略した（豊臣秀吉による朝鮮出兵の）7年間と植民地支配の35年間だったとし、50年にも満たない不幸な歴史のために1500年にわたる交流と協力の歴史を無意味なものにするのは実に愚かなことだと述べました。

あわせて金大統領は、1965年の韓日国交正常化以降、飛躍的に増えた両国の交流と協力を通じて必要不可欠なパートナーの関係へと発展した韓日関係を未来志向の関係にしていかなければならない時だとし、両国首脳による宣言が韓日政府間の歴史認識問題にけりをつけ、平和と繁栄に向けた共同の未来を切り開くための礎になると述べました」

尹はさらに「もし私たちが現在と過去を競わせるのなら、必ず未来を逃すことになるだろう」という第2次世界大戦時の英国の首相、チャーチルの言葉を引用して国民に理解を求めた。

歴史認識問題にけりをつけようとした「金大中型」は、残念ながらその後の韓国大統領に継承されなかった。金大中から革新政権を継いだ盧武鉉は当時の日本首相、小泉純一郎に「私の任期中に歴史問題を公式な争点として提起しない」と宣言し滑り出しこそ順調だったものの、小泉が靖国神社を参拝し、島根県の竹島の領有権問題で日本政府と激しくぶつかると態度を一変させ「外交戦争もあり得る」と日本を挑発した。

10年ぶりの保守政権を率いて日米との安全保障や経済連携の強化を掲げた李明博も、「盧武鉉型」の轍《てつ》を踏んだ。慰安婦問題での日本の対応に不満を募らせていた任期終盤に支持率が20%台まで落ち込むと、竹島上陸という禁じ手に走り、天皇陛下に独立運動家への謝罪も要求した。日本で李への批判が沸騰し、これを機に日韓関係は坂道を転げ落ちる。韓国内で「親日派」との視線に苦しめられた朴槿恵も慰安婦問題をめぐり日本への強硬姿勢をとり続け、日本の首相、安倍晋三との間で初の単独会談にこぎ着けるまで就任から3年近くも費やした。2015年末に日本政府と慰安婦合意をまとめ、対日外交の長いトンネルを抜けだしたのもつかの間、元慰安婦支援団体などから合意が「被害者置き去り」と標的にされた。文在寅への政権交代後に日韓関係は冬の時代に逆戻りした。

日韓関係が「良い」→「悪い」に転じた盧、李両政権に対し、朴政権は「悪い」→「良い」だった。異なる軌跡をたどりながらも、日韓関係が韓国の政局に翻弄されて常に不安定だった点では変わらない。一方、文時代の対日関係は、ほぼ一貫して「悪い」ままだった。その最大の要因について、日本政府高官は文政権が掲げた「被害者中心主義」を挙げる。「元慰安婦や元徴用工ら裁判の原告に政府間交渉の『拒否権』を与えてしまった。原告が『ノー』と言えば外交は進まなくなる」。そんな5年間だったと振り返る。

韓国では16年に当時の大統領、朴槿恵の弾劾を要求した「ろうそく集会」以降、世論に正義のニュアンスを加えた「民心」があらゆるものに優先されるムードが強まり、政治家の極端なポピュリズムにつながった。尹は大統領選の時から「対日外交を内政に利用しない」と明言し、未来志向の日韓関係を唱え続けてきた。一貫してぶれない姿勢をとり、23年3月、大統領として念願の来日を果たした。2国間会談を目的とした韓国大統領の訪日としては実に12年ぶりだった。

「リーダーは半歩前を歩く」

第1章で触れたように「ダイナミック・コリア」は、金大中大統領時代に打ちだされた韓国の国家ブランドを発信するキャンペーンのスローガンである。韓国では22年1月に金大中の選挙を描いた映画『キングメーカー』が公開され、再び注目が集まった。国交正常化から半世紀以上たって日韓をめぐる環境が当時と異なっているのも事実だが、革新政治家でありながら北朝鮮や中国、旧ソ連の脅威を見据えて日本と手を結んだ金大中の安保・経済認識はいまも色あせない。日韓の政治リーダーが学べることは大いにあるはずだ。

「リーダーは半歩前を歩くんです。もし国民がついてこなければ、握った手を離さず、半歩下がって説得し、また半歩前に進むんです。私はずっとそうしてきました」。金大中はこんな言葉を残している。

金大中政権時代の日韓関係が常に順風満帆だったわけではない。01年4月、日本で検定合格した歴史教科書が「歴史を歪曲《わいきょく》している」と韓国内で批判が高まり国会議員や市民団体からも対策を迫られると、金大中は崔相龍《チェ・サンヨン》駐日大使を韓国に一時帰国させた。韓国メディアは「大使召還」と報じた。崔は日本の歴史教科書について韓国人記者団に「韓日パートナーシップ宣言（日韓共同宣言）の確かな後退だ。問題の教科書を適切であると判断した責任が日本政府にある」と日本を批判した。

尹政権の対日政策の成否は韓国だけでなく日本側の覚悟にも左右されるだろう。時代背景や国民意識の違いから尹錫悦を金大中と単純比較することはできないが、韓国の対日外交史において金大中に並び、それを超えるほどの大きな成果を残す可能性を秘めている。

6　日本の中の韓国、韓国の中の日本

本書も終幕に近づいてきた。過去の筆者のニュースレター「韓国Watch」（抜粋、一部加筆あり）から3点を選んで日韓関係の今後を考えてみたい。

①「日韓は互いに改善に努力すべき」が8割弱（２０２３年1月31日配信）

▼アンケート結果で逆転

23年の年初にあたり、日本経済新聞で筆者が担当しているニュースレター「韓国Watch」でミニアンケートを呼びかけたところ、３２２人の読者から回答を得た。

「日韓関係を今後どうすべきか」との設問に「日韓は互いに関係改善に努力すべきだ」が２５３人（78・6％）、「日本が関係改善に努力する必要はない」が69人（21・4％）となった。日韓関係が冷え切っていた20年8月の前回調査では、「互いに関係改善に努力すべきだ」がおよそ4割で「このままで構わない」が6割だった。設問が同じではないので単純比較はできないが、本レターの多くの読者が政権交代後の韓国側の取り組みを評価し、日本側にも

歩み寄る必要があると考えていることが分かった。

女性回答者のほとんどが「互いに関係改善に努力すべきだ」を選択し、男女問わず49歳以下の8割超も韓国だけでなく日本政府にも取り組みを求めた。一方で「日本は努力する必要はない」とした回答のほとんどが50歳以上の男性だった。自身の経験や見方によって立場は変わるとはいえ、世代や性別で一定の傾向がみられるのは興味深い。

▼理由は安保危機や大統領への好感が多数

「努力すべきだ」は、北朝鮮、中国、ロシアに囲まれた安全保障環境を理由に挙げた人が目立つ。「日本がアジアで孤立する」（52歳男性）、「韓国は日本の防波堤」（75歳男性）など。隣国や歴史は変えられないとの意見のほか、「法治主義の大統領を見放すのは外交上あり得ない」（72歳男性）と大統領、尹錫悦を評価する声も数多く聞かれた。「岸田首相は自民党内の反対派を抑えるリスクをとってほしい」（51歳男性）と首脳の決断を迫ったり、「相手がゴールポストを戻そうとしているのに、また動かされるかもしれないと考えて何もしないのは愚の骨頂」（66歳男性）と外交の知恵を求めたりする意見もあった。「戦後の日本の平和教育で足りなかった視点が戦争に至った理由、経緯だと考える。加害者であるにもかかわらず、そのことの自覚が足りなかったと自身を振り返ると思う」というのは71歳女性の述懐だ。

一方で「日本が努力する必要はない」の理由には、元徴用工問題は解決済みなので日本側に責任がないとの指摘のほか、韓国の反日教育や、信用できない国・国民性を挙げて「約束は必ずまた破られる」（51歳男性）、「安全保障も韓国抜きで考えた方がよい」（74歳男性）などの意見がみられた。

▼未来を担う若者の声

若い世代はどうみているのか。20代でコメントを寄せてくれた2人の意見を紹介する。

「これからの日本をつくるのは若い人たちだ。若者は韓国が好きな人が多いし、自分は日本を大好きでいてくれる韓国人の友達やその家族を多く知っている。未来を考えたら、文化交流のみならず防衛の面でも韓国との関係は改善すべきだし、政治的にいがみ合っていても何のメリットもない」（24歳女性）

「さらなる賠償金の要求には日本は応える必要はないが、日韓請求権協定と慰安婦合意で賠償金（資金＝筆者注）を払ったからといって、日本が朝鮮半島の人にした数々の蛮行が消え去るわけではない。緊迫する東アジア情勢を踏まえると、友好な関係を早期に構築しないといけない」（29歳男性）

②60年前の「少年サンデー」に映る対日感情（21年1月5日配信）

▼「爆発した韓国民の怒り」を特集

日本の各メディアは日韓関係の悪化を例える際に「１９６５年の国交正常化後で最悪」とか「戦後最悪」などの表現を頻繁に使ってきた。こんな時は原点に立ち返ってみようと考えていたところ、たまたま会社の先輩が日韓国交正常化と同じ時代に発売されていた少年誌を「古本屋で見つけた」と貸してくれた。

そのうちの1冊が、昭和35年（１９６０年）5月22日号の「週刊少年サンデー」（小学館発行）。日韓基本条約締結の5年前にあたる。40円という定価に加え、後の横綱で大鵬とともに「柏鵬時代」を築く柏戸を紹介した「大関街道まっしぐら」の見出しが時代を感じさせる。もう1つの特集記事が「爆発した韓国民の怒り」だ。

この記事は、60年4月19日、韓国の学生や市民が不正な大統領選挙に抗議して初代大統領の李承晩政権を倒した流血デモの「４・19革命」を題材にしている。子ども向けなのでひらがなが多く、文体も平易だが、読んでみるとなかなか熱く、激しい内容が逆に新鮮だ。「兵隊ともみあう韓国の学生」「傷ついた少年も担がれてデモ」など、キャプション付きの写真が臨場感を高める。

▼小学5年生「考えがガラッとかわった」

まずは日本の小学5年生からの便りが紹介されている。「死者まででるほど、大さわぎしなくてもいいのではないかと、思いました。でも、おとうさんやおにいさんの話を聞くと、ぼくの考えはガラッとかわりました。政治は、国民の意見をいろいろ聞いて、みんなが幸せになるようにするのがほんとうです」とある。きっと、この男の子のお父さんとお兄さんは独裁政権下の隣国で国民がいかにつらい思いをしているかを話して聞かせたのだろう。

次に53年の朝鮮戦争休戦からまだ7年しかたっていない当時の朝鮮半島と韓国内の様子を、共同通信社の外国特信（外信）部長による記事「韓国の国民が怒った訳」が教えてくれる。

「その間に、朝鮮動乱という大戦争が起こり、朝鮮のほとんどが荒れはててしまい、国民は苦しみました。しかし、李承晩が、お気に入りの一部の人たちと行った政治は、国民の苦しみを救うのとは反対に、国民をもっと苦しめる方向に進んだのです」

▼「平和な国に生まれかわるように祈る」

当時の背景を少し補足すると、大統領の李承晩は、憲法に規定された「大統領3選禁止」の条項を自ら削り、権力の永続化に道を開こうとした。3選をめざした大統領選中にはライバルの野党候補が変死する事件も起こった。その事件について、筆者の外信部長は「おそらく、李承晩の命令で、警察が殺したのだろうと、韓国の人たちは心の中で固く信じていました」と解説している。

李承晩政権を倒した「4・19革命」を取り上げた『週刊少年サンデー』昭和35年（1960年）5月22日号

この2年後、李は他の野党候補が次期大統領選で自分を脅かす存在になるとみるや、その所属政党を解散し「国家を乱す者」との理由で死刑にしてしまった。李が不正を重ねて4選を果たしたことで「今までがまんにがまんを重ねてきた韓国の人たちも、こんどは怒りました。その怒りが爆発したのが、こんどの事件なのです」と市民に同情的な記述が続く。

当時、首都ソウルなどで繰り広げられた反政府デモには学生を中心に約50万人が集まった。「もうすぐ、ほんとうの民主主義がやってくると、みんな泣きながら喜んでいます」「この大デモが、ついに世界一の暴君といわれた李大統領を辞めさせることに成功したのです」。まるで我が事のように興奮気味の外信部長は最後にこう締めくくっている。「これからの韓国はいままでの政治にこりて、りっぱな民主主義が育つことでしょう。一日も早く、平和な国に生まれかわるように祈りましょう」。

▼70代日本人男性が韓国に厳しいワケ

李は「4・19革命」から8年前の52年、沿岸水域の主権を示す不法な「李承晩ライン」を一方的に設定し日本漁船を次々と拿捕《だほ》した。上記の「少年サンデー」が発売された当時、読者の中心だった小中学生の世代はいまでは70代くらいだろうか。当時のことを先輩記者に聞くと、反日姿勢をむき出しにした李承晩政権への日本人の嫌悪感は激しいものがあり、その感情は親から子へと伝承された。「韓国Watch」に届く意見を読んでも、特に70代の男性が韓国に対して厳しい目を持っていると感じる。

隣国を大きく揺さぶった60年の流血デモを日本経済新聞も1面トップなどで大々的に報じている。この4・19革命は現在の韓国憲法の前文にも刻まれている。その担い手だった「4・19世代」は韓国で民主主義の礎をつくった世代として名を残した。しかし、韓国で民主化が実現するのはそれから27年も先の87年まで待たなければならなかった。4・19革命の翌

61年に当時少将だった朴正熙が軍事クーデターで政権を掌握し、その後、軍事独裁が長く続いたからだ。この間も、80年の光州事件をはじめ民主化闘争が繰り返され、警察などとの衝突によって学生らの尊い命がたくさん失われた。

韓国は市民が政府を厳しく監視し、「政治がおかしくなっている」と思うと、政治を変えようと街頭に繰り出す。友人女性による国政介入事件が発覚した朴槿恵前大統領を弾劾に追いこんだのも民衆パワーだった。デモを終えると静かに帰宅し、翌日は何事もなかったように日常生活に戻るのもまた韓国人らしい。「街頭政治」は日本ではあまり見られない風景だ。韓国の民主主義は日本より大きく遅れていると言いきれるだろうか。

『少年サンデー』の記事は、韓国について「政権」と「市民」を分けて語っている。私自身がまだ生まれていなかった60年以上も前の少年誌から気づかされることもある。

③甲子園に響いた韓国語(21年4月13日配信)

▼韓国人の内面をのぞく

21年春、日本にいながら韓国人の心の内面をのぞく経験をした。

「〝トンへ パダ コンノ〜〟韓国語の校歌、日本全国に鳴り響く」――。選抜高校野球大会での京都国際高校の勝利を伝える3月25日付の韓国紙2紙（朝鮮日報、毎日経済新聞）の記事は見出しがほとんど同じだ。韓国メディア全体に、試合内容よりも甲子園を舞台に韓国語の校歌が斉唱されたことに注目した記事がめだつ。日本の国民的行事である高校野球の聖地で韓国語が流れ、全国に放映されたことは、在日韓国人を含め日本に暮らす朝鮮半島出身の人たちの感慨もひとしおで「シウォナダ～（心がスッキリした）」という声が聞こえてくるようだった。

韓国メディアの盛り上がりはすさまじかった。京都国際高校は韓国系民族学校がルーツ。外国系の学校として初めて甲子園に出場し、しかも初勝利をあげたのだからなおさらだ。現在（甲子園出場時点）の野球部員は全員が日本国籍というが、校歌の歌詞は創立以来のハングルで、選手と応援席が一緒になって歌いあげた。東京から甲子園に駆けつけてアルプススタンドで取材した友人の大手韓国紙の記者は電子版の記事に動画までアップする熱の入れようだった。

その後、2回戦は逆転サヨナラで惜しくも敗れたが、甲子園に新たな歴史の1ページを刻んだ。韓国人は母国語（韓国語）へのこだわりをはじめ自尊心が人一倍強いと感じる。それは自国の歩んだ歴史とも深く結びついているのだろう。韓国人の知り合いに「長いあいだひどい目に遭わされた中国よりも日本の統治時代を目の敵にするのはどんな理由か」と尋ねてみると、その答えの1つに「日本は『国』を奪ったから」がある。家族や血統など属性を重んじる儒教思想が強い国柄にあって、外国から併合され、言葉も自由に使えなかった相手は日本だけなのだという。

▼韓国の中の日本人

韓国人の母国語への思い入れを私も違ったかたちで、韓国で体感した。留学もせず韓国語をほとんど話せないままソウルに赴任した04年当時、タクシーに乗ると勉強のため必ず韓国語で運転手さんに話しかけるようにしていたが、乗客が日本人と分かると、たいていの場合、後部座席を振り返り驚いたような顔をされる。「なぜあなたはウリマル（韓国語）を話せるんだ」と聞いてくる。「勉強中なんです。でも韓国語は学べば学ぶほど難しいです」とたどたどしい韓国語で答えると、「そうだろ、パッチムが難しいだろ」と急に機嫌がよくなり優しくしてくれるのだ。その後は一方的に話しまくられ、よく聞き取れないまま「ネー、ネー（はい、はい）」と頷くばかりだったが。

日本に国と言葉を奪われた記憶が残る年配の韓国人には日本人が韓国語を使うのが不思議だったり、うれしかったりするようだ。たとえ片言の韓国語だとしても、ほとんどの韓国人はその声に一生懸命耳を傾けて何とか聞き取ろうとしてくれるはずだ。2度にわたる筆者のソウル駐在は、いずれも妻と娘が帯同し家族で暮らした。特に最初の駐在時は娘が生まれたばかりで、現地でたくさんの人々にお世話になった。

2018年に日本に戻ってからずいぶんとたつが、妻はいまでも「日本に戻ると、赤ちゃんや小さな子ども連れの親子に対する韓国人の優しさがよく分かる」と話している。

▼校歌斉唱に観客席から大きな拍手

甲子園で勝利した京都国際高校の校歌斉唱が終わり、観客席全体から大きな拍手が起きた。日ごろ、嫌韓派の人々とも接している筆者は「甲子園でのハングル」に不測の事態が起きないかかすかに危惧していたが、杞憂《きゆう》に終わった。それはそうだ。東京・新大久保や大阪コリアタウンを歩くと、あふれんばかりの人混みに圧倒される。女子中高生に交じって小学生の姿もあちこちに見られ、「韓流」の低年齢化を実感する。「日本人には嫌韓派が多い」と感じるとすればネット社会がつくりあげたイメージだろう。

同校の野球部も日本高等学校野球連盟に加盟し、厳しい練習に耐えて激戦地区で勝ち上がった子どもたちだ。同校のホームページには「韓国語・英語・日本語のトリリンガル教育を目標に掲げる」とある。

最近は野球以外の高校スポーツでも外国人学校の躍進が著しい。大阪朝鮮高校ラグビー部は花園4強をつかんだ。外国語の校名や校歌は珍しいことではない、名実ともにグローバルな時代が日本にも訪れるだろう。そんな未来を夢想しながらハングルの校歌を聴いていた。

＊　＊　＊

韓国大統領、尹錫悦の勇気ある決断と岸田首相の呼応によって日韓関係が大きな節目を迎えつつある。歴史の宿痾《しゅくあ》に翻弄されてきた対立を乗り越え、「ゼロサムでなくウィンウィンの関係」（尹錫悦大統領）に変わる。首脳間で本格始動したシャトル外交をそうした新時代への起点としてほしい。

ここ10年余り日韓が角突き合わせていた間に世界情勢は激変した。もはや米国に同盟国同士の仲裁を頼る状況ではないだろう。

中台対立と朝鮮半島の緊迫化という「複合危機」シナリオが現実味を帯びる。中国の存在感が圧倒的な韓国で尹は2つのリスクを結びつけた初めての大統領だ。軍事と経済が切り離せない時代に半導体など戦略物資のサプライチェーンで日韓が米国を交えて手を結ぶのはまさに相互利益である。米国が行き過ぎた輸出規制や自国優先の産業政策に走れば待ったをかけるのも日韓で声をそろえられる。双方の国益に沿った共通のビジョンを打ち立てる好機である。

１９４５年の終戦以降、65年の国交正常化と98年の共同宣言を経て２０２３年に韓国大統領が「加害者と被害者」という固定観念を打ち破った。日韓の戦後史はほぼ20～30年ごとに未来を切り開く首脳たちの決断があった。両政府に求められるのは２０５０年まで見据えた旗印である。

尹ほど日本との関係を良くしたいと情熱を燃やす大統領は最近では見当たらない。韓国での政権交代の可能性を恐れて決断をためらう余裕がいまの日本にあるのか。

日韓親善をけん引する若い世代のためにも尹政権のうちに両国間の難題をできるだけ解決し、後戻りできない関係を築く。それが責任ある政治だろう。

あとがきに代えて

勇気ある決断と「もう1つの人生」

歴史的な瞬間は2023年5月21日午前7時半過ぎに訪れた。広島で開催された主要7カ国首脳会議（G7サミット）の合間を縫って、平和記念公園内にある「韓国人原爆犠牲者慰霊碑」の前に首相、岸田文雄夫妻と韓国大統領、尹錫悦夫妻が立った。4人は花を手向けたのち10秒あまり頭を下げて黙とうした。筆者も広島入りして取材したこのシーンを韓国のテレビ局は生中継で放映した。この直後の日韓首脳会談で、岸田は慰霊碑訪問について「日韓関係においても、世界平和を祈るうえでも、大変重要なことだ」と述べると、尹は「首相の勇気ある行動として記憶に残るだろう」と岸田をたたえた。

前日の20日、尹は広島に住む在日韓国人被爆者と面会し、「韓国の大統領としてこんなに遅い訪問になり、申し訳なく思う」と述べ、韓国政府による支援の不足を謝罪した。被爆者の1人は尹の手を握りしめ、ほほをこすり当てて満面の笑みを浮かべた。韓国原爆被害者対策特別委員会の権俊五《クォン・ジュノ》委員長は「本当に大きな慰めとなる」と話した。現職の韓国大統領が広島の韓国人被爆者と面会したり慰霊碑を訪れたりするのは初めてだという。

尹は広島入りの前日だった18日には韓国で民主化を求める市民を軍が武力鎮圧し多数の犠牲者を出した光州事件（1980年）の追悼式典に出席し、革新層が特に好む民主化運動を象徴する歌も斉唱した。歴代の保守大統領は同式典を欠席するなど軍事独裁時代の惨禍と向き合うのを避ける傾向があった。尹には野党勢力から攻撃を受ける「歴史を軽視している」とのイメージを払拭し、国内に4割程度いるといわれる中道層を取りこもうとする狙いもみえる。

21日午後に岸田と尹は米大統領ジョー・バイデンを交えて再び会った。オバマ政権の副大統領時代から米国の同盟国同士でいがみ合う日韓の仲裁を続けてきたバイデンは席上、日韓首脳の「勇気ある取り組み」を称賛した。岸田も尹の対日政策について「勇気ある決断」と繰り返し述べている。日米韓3首脳がくしくも「勇気」という同じ言葉を使った。

筆者もこの慰霊碑には思い入れがある。2018年7月に被爆者団体を取材し、その歴史や日本政治との関わりを聞いていたからだ。さらに遡ると、1999年の原爆の日に小渕恵三首相（当時）が、この慰霊碑を日本の現職首相として初めて訪れた。慰霊碑に献花し深々と頭を下げ、韓国側の関係者を感激させた。私は政権を取材する首相官邸詰めの記者として、この様子を間近で見つめた。

小渕の訪問から四半世紀近い歳月が流れ、日韓首脳が信頼関係を築いて一緒に慰霊碑の前に並んだ。長年の願いがかなった在日韓国人の被爆者や被爆2世らは日韓首脳の姿を見守りながら、一様に驚きと喜びと「感謝」を口にした。その1人が元プロ野球選手の張本勲だった。

その張本が5月7日のソウルでの日韓首脳会談の直後に韓国内で大きな話題となった。韓国紙・朝鮮日報のインタビューに応じ、5歳の時に広島で被爆した壮絶な体験を語ったからだ。在日韓国人2世で本名を張勲《チャン・フン》という名選手は、韓国でも在日のレジェンドとして有名だが、被爆者だった過去はそれまであまり知られていなかった。2010年に出版された張本の著書『張本勲　もう一つの人生』（新日本出版社）にはこんな記述がある。

「その日（1945年8月6日）の夜のことは、はっきりと覚えています。まるで地獄絵のようでした。思いだすのはうめき声と叫び声。やけどをしたりけがをしたりした人たちの苦しむ声が、あちらからもこちらからも聞こえていました」

「とくに頭からはなれないのは焼けた人肉の臭いです。一生忘れることができないでしょう」「色白で背が高く、おまけにやさしかった姉は、私の自慢でした。それが、（勤労奉仕に出かけていた先で原爆の熱線をまともに浴びて）全身にやけどを負って赤く腫れあがり、見る影もありません。顔を見ても、それが姉であることさえ分からないほどでした。（中略）姉が生きていられたのは一晩だったか、それとも二晩だったか、はっきりとは覚えていません。とにかく姉は『熱い、苦しい』と言ってずっと苦しんでいました。おふくろは、あんなに泣くことができるものなのかというくらいに、一晩中泣いていました」

韓国人原爆犠牲者慰霊碑には張本のお姉さんも眠っている。当時、まだ小学生だった。尹の側近によると、日韓首脳の慰霊碑訪問に張本も同席してもらうアイデアがあったものの、外国訪問中ということでかなわなかったという。

張本は「本当に恐ろしいのは原爆以降の社会だった」と振り返る。同著には「広島には、原爆によるひどいやけどで顔や体にケロイドが残った人たちが、学校の友人たちの間にもけっこういました。そういう友だちと遊んでいると、近所の大人が言うのです。『あの子とは遊ばんほうがええ。原爆がうつるけん』などと」と書かれている。張本も60歳を過ぎるまで被爆者であることを公表しなかった。

韓国人にとっての原爆

広島、長崎で原爆に遭いながら、長く援護の枠外にあったのが韓国の被爆者だ。そのうえ韓国社会では祖国に戻った原爆被爆者や元慰安婦らへの偏見や差別が強く、自ら名乗り出るのが難しい空気もあった。

筆者は2016年、多くの被爆者が暮らし「韓国のヒロシマ」と呼ばれる韓国南東部の山あいの町、陜川《ハプチョン》を訪れ、韓国人被爆者から体験談を聞いたことがある。被爆者の1人は「被爆による疾病が遺伝性の問題とされたため、被爆した苦痛を子どもや孫にも伝えられないまま死んでいった人が多い」と語った。韓国人被爆者は幾重にも苦しみを負ったことを肌で感じた。

広島で原爆の犠牲になった方々の約1割は朝鮮半島の出身者だったとも言われる。日韓首脳の共同訪問は、その事実を日韓の国民が知る機会にもなっただろう。

17年に韓国で見た映画『軍艦島』のラストシーンは、長崎に投下された原爆のキノコ雲がたちのぼるのを、端島（通称、軍艦島）から脱出した朝鮮人の労働者たちが船上から遠く眺める場面で幕を下ろす。今から10年前には韓国大手紙が日本への原爆投下を「神の懲罰」と表現したコラムを掲載し、日本との間で問題になったこともある（同紙は後に原爆被害者と遺族らに遺憾の意を表明）。知り合いの韓国人記者は「原爆は日本の植民地支配を終わらせたものという受け止め方が韓国にはある」と話す。

筆者が通った小学校の教室の本棚には漫画『はだしのゲン』が並んでいた。いつ誰の手によって置かれたものなのか今となってはわからないが、全巻を通読し子供心に原爆の恐ろしさや被爆者の心を少しは知ることができた気がする。今回、韓国での原爆のとらえ方も変わることを願ってやまない。

前述の韓国紙インタビューで、張本は「私は日本人ではなく在日韓国人だから、（韓国は）私の祖国だから言いますね。いつまで日本に『謝罪しろ』『金を出せ』と繰り返さなければならないのですか？　恥ずかしいです」とも語っている。被爆体験談と併せ、「在日のレジェンド」の言葉は韓国の人々に響いたという。尹に続く勇気ある発言である。

尹大統領、広島サミット参加の意義

歴史問題をめぐる双方の国民感情はそう簡単には薄まらない。今回のサミットが大きな変化に向けた一歩になればと思いながら広島を後にした。

岸田は地元広島でのG7サミットを最大限に生かした。本来であれば国際的なイベントを首相自らが地元に誘致するのは同僚などから反発が起こっても不思議ではない。被爆地ヒロシマだからこそ実現できたのだろう。ロシアによるウクライナ侵攻や日韓関係の転換期と重なったタイミングも含めて世界へのアピールに成功したといえる。その点で岸田は強運の持ち主である。韓国人原爆犠牲者慰霊碑への日韓首脳の共同訪問にも、日頃から尹政権に厳しい立場をとる革新系メディアも含めて韓国内で高く評価された。韓国社会で歴史問題をめぐる日本への反発が弱まったのも確かだ。

韓国では北朝鮮の核開発に対抗して国内での核保有や核配備を求める世論が高まっている。自身も米国との「核の共有」に意欲を示してきた尹が広島サミットに参加し、核戦争の悲惨さや被爆者のつらい体験を目の当たりにしたことは、韓国の安全保障論議に一石を投じ、日本周辺の核拡散に歯止めをかけるためにも効果があったとの専門家の指摘は傾聴に値する。

韓国と向き合う心構え

高校時代、立ち寄った本屋でたまたま手にし、珍しく食い入るように読んだ本がある。タイトルは『新聞記者の詩』だった。著者は元読売新聞記者でノンフィクション作家の本田靖春。私の尊敬するジャーナリストだ。

本田は日本の植民地だった京城（現在のソウル）で生まれた。著書『私のなかの朝鮮人』（文春文庫）に本田の原点がのぞく。

「いったい、これからの日本はどうなるのだろうか。そうはいっても、中学校の一年生に予測がつくはずもない。（中略）『この世の終り』みたいなことを考えていた。その翌日から『京城』市内の様相は一変した。『独立』を祝う朝鮮人たちが町に溢れ、日本人婦女は家に閉じこもった」

「まず視界に飛びこんできたのは、迷彩を施した軍事施設であり、戦闘機であった。『平和』に慣れた私の眼には、とっさに、それが異様なものとして映った。だが、次の瞬間、ここは〝準戦時下〟なのだと、自分を納得させる。それにしても、『別の国』にきたという実感が、まばたきするあいだの私にあった」

前者は第2次世界大戦終戦（1945年8月15日）の当日と翌日の京城市内、後者は1972年8月の金浦空港（著書では「金浦飛行場」）でそれぞれ著者が目にした光景だ。そこからは、敗戦した旧支配国・日本人のえも言われぬ不安とともに、解放を待ちわびた韓国人の歓喜と、独立から程なく始まった同じ民族間の戦争が今なお終わっていない悲哀が伝わってくる。

日本と韓国の人々は顔かたちも食文化なども似ているので忘れそうになりがちだが、相手とどんなに親しくなってもその国民のバックボーンとなる国家の原点や成り立ちの違いは互いにおろそかにしてはいけないと自らに言い聞かせている。

忘れっぽいうえに貧乏性だからか、歴史的な場面に立ち会うと、日々の記事はもちろんだが、後世のためにまとめて記録に残さなければという焦燥にかられる。韓国駐在中に出版した初の単著『韓国の憂鬱』では、朴槿恵大統領時代にソウル中心部の目抜き通りを埋め尽くしたろうそくの炎がまぶたの裏に焼き付き、その行動に市民を駆りたてた心の奥底をのぞきたいと考えた。次の文在寅政権下で日韓関係があっという間に「国交正常化後で最悪」のレベルに陥った国家間の埋まらない溝に迫ったのが前著『日韓の断層』だ。それほど複雑な日韓関係でも「この大統領なら大きく変えてくれるかもしれない」と期待を抱かせる尹錫悦大統領の正体と覚悟、さらに韓国社会の地殻変動を広く日本の読者に伝えたいと思ったのが本書を手がけた動機の1つである。

「日本との『違い』を楽しんできて」。韓国に赴任する後輩記者にかならず贈るはなむけの言葉だ。私がソウルに駐在した過去2回とも日韓関係に猛烈な逆風が吹いていた時期だったが、だからこそ日本にいると見えない韓国人の心のひだに触れられる貴重な経験ができた。外交関係が友好ならば韓国の取材先に近づきやすく、それによって得られるものもあるが、険悪なときほどジャーナリストの腕の見せ所だと自分を奮い立たせて韓国と向き合ってきた。

これからも様々な機会で振り幅の大きい「ダイナミック・コリア」に驚かされるだろう。そのとき忘れてはいけないのは、保守派の尹政権も革新派の文在寅前政権もけっして特殊なわけでなく、どちらも紛れもなく韓国社会の断面を映しだしているという点だ。それを理解しておくのがわれわれ日本人にとって大事な心構えになるだろう。

対日外交を「過去」から「未来」、「情緒」から「戦略・国益」にそれぞれ大きく転換させようとする尹大統領の決断と呼びかけに一般市民たちがどう応えていくのか。韓国社会で進行している壮大な実験の行方にこれからも目を凝らしていきたい。

本書が世に出るのは日経BP編集委員の渡辺一さんのおかげだ。日本人にあまり知られていない韓国社会の変容に着目して執筆の声をかけてくださり、構想段階から折に触れて鋭い助言もいただいた。この場を借りて深く感謝を申し上げる。いつも背中を押してくれる日本経済新聞の関係者にもお礼を述べたい。

峯岸 博 みねぎし・ひろし

日本経済新聞編集委員兼論説委員。1968年埼玉県新座市生まれ。92年、慶応義塾大学法学部政治学科卒。日本経済新聞社入社。政治部、経済部、ソウル駐在、政治部次長などを経て2015~18年ソウル支局長。18年4月から現職。著書に『韓国の憂鬱』『日韓の断層』など。日経電子版に「朝鮮半島ファイル」、ニュースレター「韓国 Watch」(NIKKEI Briefing)を執筆。

日経プレミアシリーズ｜499

日《にっ》韓《かん》の決《けつ》断《だん》

二〇二三年七月七日　一刷

著者　峯岸 博

発行者　國分正哉

発行　株式会社日経BP
日本経済新聞出版

発売　株式会社日経BPマーケティング
〒一〇五―八三〇八
東京都港区虎ノ門四―三―一二

装幀　ベターデイズ

組版　マーリンクレイン

印刷・製本　中央精版印刷株式会社

ISBN 978-4-296-11745-1　Printed in Japan

日経プレミアシリーズ 491

テックジャイアントと地政学

山本康正

メタバースとWeb3が大きな話題になった2022年は、フェイスブックやツイッターが大量解雇を発表するなど、テックジャイアントの経営が曲がり角を迎えた年でもあった。また、ウクライナ侵攻によってテック業界の地政学リスクが一気に顕在化。シリコンバレーに拠点を置く著者が、海外の先端動向を紹介しながら、日本へのインパクト、企業や個人がなすべきことをわかりやすく解説。

日経プレミアシリーズ 490

国費解剖

日本経済新聞社 編

9割が使途を追えないコロナ予備費、乱立する基金と塩漬けになる予算、コンサルに巨額を投じる委託事業……。財政悪化の一方で、膨張を続ける国家予算。その内実を紐解けば、莫大な政府の無駄遣いが明らかに。緻密な取材から国費のブラックボックスに迫り財政規律回復への道筋を探る大反響の日経連載を大幅加筆のうえ新書化。

日経プレミアシリーズ 487

地図から消えるローカル線

新谷幸太郎

鉄道開通から150年。全国の鉄道は大きな岐路に立たされている。鉄道会社の経営は厳しく、都市部の黒字が支えてきたローカル線の多くは事業継続が限界を迎えつつある。ごく一部の住民にしか利用されない交通機関でいいのか。歴史の証人でもある鉄道を通して公共交通とインフラの将来を考える。

日経プレミアシリーズ497

中国人が日本を買う理由

中島 恵

高成長が曲がり角を迎え、コロナ禍以降は社会に息苦しさも感じる——。ここ数年、中国人が母国を見る目が変わりつつある。そして彼らは日本に目を向ける。食事、教育、文化、ビジネス、社会……。どんな魅力を感じるのか。豊富な取材により、多くの中国の人々の声から浮かび上がる、新しい日本論。

日経プレミアシリーズ496

半導体超進化論

黒田忠広

1988年に50%あった日本企業の世界シェアが今では10%。この30年間に世界の半導体は年率5%超の成長を遂げたが、日本はまったく成長できなかった。日本は何をすべきか。日本の半導体戦略をリードするキーパーソンが、新しい半導体の世界と対応策を活写。

日経プレミアシリーズ480

世界食料危機

阮 蔚

ロシアのウクライナへの軍事侵攻は、人類にとって欠くことのできない食料の供給が意外なほど脆弱であることをまざまざと見せつけた。なぜ両国の小麦やトウモロコシなどが世界の穀物貿易の鍵を握るようになったのか、さらには世界で進む穀物の生産・貿易・消費の地殻変動や脆弱性など危機の背景をわかりやすく解説する。

日経プレミアシリーズ 350

韓国の憂鬱

峯岸 博

大統領と財閥企業による「政経癒着」、世襲による格差の固定、超競争社会と教育問題、世代間対立――。どれも韓国社会に深く根ざした問題ばかりだ。日本経済新聞ソウル支局長が、韓国の構造問題を、朴大統領弾劾の端緒から新政権始動までのドキュメントも交えて解明する最新レポート。

日経プレミアシリーズ 402

日韓の断層

峯岸 博

韓国大法院（最高裁判所）のいわゆる徴用工判決、自衛隊機へのレーダー照射問題、従軍慰安婦財団解散決定、韓国国会議長による謝罪要請発言――。国交正常化以降最悪期を迎えてしまった日韓関係。韓国は一体何を考えているのかを、日経新聞前ソウル支局長が解明する。

日経プレミアシリーズ 493

あなたと日本の防衛を考えたい

日本経済新聞社 政治・外交グループ 編

緊迫する東アジア情勢に対処するには、何が足りないのか。無人機やサイバー攻撃といった「新たな戦争」、迫り来る危機を想定しているとはいい難い態勢や戦略を生み出した戦後77年の安全保障の実像、そして2022年に議論された国家安全保障戦略の改定によって示された方向性とは。防衛の課題と現状を読み解く。